〔英〕温斯顿·丘吉尔—著　　李国庆等—译

CHURCHILL'S MEMOIRS OF WORLD WAR II

丘吉尔二战回忆录

全方位的争夺

SPM 南方传媒　广东人民出版社

·广州·

图书在版编目（CIP）数据

全方位的争夺 /（英）温斯顿·丘吉尔著；李国庆
等译. -- 广州：广东人民出版社，2024.8. --（丘吉
尔二战回忆录）. -- ISBN 978-7-218-17968-1

Ⅰ. K835.617=5；K152

中国国家版本馆 CIP 数据核字第 2024Q385U1 号

QIUJI'ER ERZHAN HUIYILU · QUANFANGWEI DE ZHENGDUO

丘吉尔二战回忆录·全方位的争夺

[英]温斯顿·丘吉尔 著 李国庆等 译 　　 版权所有 翻印必究

出 版 人：肖风华

责任编辑：范先鋆 　戴璐琪
责任技编：吴彦斌
封面设计：贾 　莹

出版发行：广东人民出版社
地　　址：广州市越秀区大沙头四马路 10 号（邮政编码：510199）
电　　话：（020）85716809（总编室）
传　　真：（020）83289585
网　　址：http://www.gdpph.com
印　　刷：三河市人民印务有限公司
开　　本：787 毫米 × 1092 毫米　1/16
印　　张：10.25　字　　数：148 千
版　　次：2024 年 8 月第 1 版
印　　次：2024 年 8 月第 1 次印刷
定　　价：58.00 元

《丘吉尔二战回忆录》 译者

（排名不分先后）

李国庆	张 跃	栾伟霞	曾钰婷	刘锡赟	张 妮
李楠楠	汤雪梅	赵荣琛	宋燕青	赖宝滢	张建秀
夏伟凡	王 婷	江 霞	王秋瑶	郑丹铭	姜嘉颖
郭燕青	胡京华	梁 楹	刘婷玉	邓辉敏	李丽枚
郭轶凡	郭伊芸	韩 意	李丹丹	晋丹星	周园园
王璿珽					

战争时：　意志坚定
战败时：　顽强不屈
胜利时：　宽容敦厚
和平时：　友好亲善

致　谢

我应再次向帮助我完成前几卷的各位朋友致谢，他们是：陆军中将亨利·波纳尔爵士、艾伦海军准将、迪金上校、爱德华·马什爵士、丹尼斯·凯利先生和伍德先生。对于审阅过原稿并提出意见的许多其他人士，我也表示谢意。伊斯梅勋爵以及我的其他朋友一直为我提供帮助。承蒙英王陛下政府准予复制某些官方文件的文本，此类文件的王家版权属于英王陛下政府文书局所有，特此致谢。遵照英王陛下政府的要求，为了保密起见，本卷①中所刊载的某些电文曾由我根据原意加以改写。这些更动，并未改变其原有的含义或实质。

---

①　原卷名为"伟大的同盟"，现分为《海陆鏖战》《战局扩大》《全方位的争夺》《援苏联美》《同盟的雏形》《美国入局》六册。——编者注

前　言

　　本卷（《海陆鏖战》《战局扩大》《全方位的争夺》《援苏联美》《同盟的雏形》《美国入局》）和其他各卷一样，只是为第二次世界大战这段历史提供史料。这段历史是从英国首相兼任对军事负有特殊责任的国防大臣的角度来叙述的。因为军事问题在很大程度上是直接属于我的职责范围，所以对于英国进行的战役我都谈到并且作了相当详细的叙述。但关于盟国的斗争，除了用作背景铺垫外，则无法一一叙述。为了尽量求得公正，这些战役情况应留给它们本国的历史家，或将来更接近于通史的英国著述去记载。我承认我不可能使这些记载的篇幅比例相同，因此我便力求将我们自己的历史事件写得真实一点。

　　主要线索还是我日常指挥作战和处理英国事务的一系列指令、电报和备忘录。这些全都是原始文件，是随着事件的发展而引用的。因此，与现在事情结束后我可能写出的任何著述相比较，这些文件是更确实可靠的记载，而且，我相信，它们能更确切地说明当时所发生的事件和当时的看法。在这些文件中，虽然包括一些后来证明是不准确的意见和预测，但是我希望通过整个文件可以判断我个人在这次战争中的功过。只有这样，读者才能了解在当时的知识水平的局限下我们必须处理的实际问题。

　　对我函电的答复，往往是政府各部门冗长的备忘录。刊载这些文件，一是篇幅不容许，二是在许多情况下我也确实没有这种权力，因此，我谨慎地尽可能避免对个别的人有所指责。只要有可能，我都是力求对复电进行概括的叙述，但是，总的说来，这里刊用的文件是可以说清楚情况的。

　　我们在本卷中要再一次谈到大规模战争。在苏联前线的战斗中双方投入的师的数量和投入法兰西战役的师的数量相当。在一条比法兰西战线长得多的战线的各个据点上，大量军队进行鏖战，杀戮之多，不是这次战争中其他地区的杀伤情况可以比拟的。对于德国和苏联军队之间的战斗，是作为英国和西方盟国行动的背景才谈到，超过这一点之外恕我无法提及。1941年和1942年苏联的英雄史值得人们进行详细的、冷静的研究，并用英文记述下来。外国人要想叙述苏联人的痛苦与光荣，没有便利的条件，虽然如此，还是应当努力。

希特勒进攻苏联，给这一年里的风风雨雨划上一个句点：在这一年中，大不列颠和它的帝国单独作战，不但没有气馁，还在不断地增强力量。六个月以后，美国受到日本的猛攻，成为我们全心全意的盟国。我们的联合行动，早在我同罗斯福总统的往来函电中就事先打好了基础，因此我们不但可以预测我们作战的方式，而且可以推断我们行动的后果。整个英语世界在作战方面有效的合作和伟大同盟的建立，构成了我这一卷书的结尾。

温斯顿·丘吉尔

于肯特郡，韦斯特勒姆，恰特韦尔庄园

1950年1月1日

目录
CONTENTS

第一章

ONE

的黎波里和"老虎"计划

从沙漠到海上——坎宁安海军上将的焦虑——第一海务大臣提出强烈的主张——坎宁安海军上将的复电——开展的非暴力行动取得成功——美国提供的援助——国防委员会同意从地中海运送三百辆坦克——隆美尔援军抵达——"老虎"计划诞生——一场重大胜利——我希望能继续实施"老虎"计划——该计划未曾获得韦维尔的竭力推行

我在前文已经提到过非洲沙漠侧翼因遭遇溃败而引发的一系列后果。与此同时，这次溃败意味着我们已不可能再攻占罗得岛，而该岛正好阻碍了我军与希腊之间的联系。我们在希腊发动的军事行动本身已十分危险，虽然这一行动本来也不可能取得成功，但受这次溃败的严重影响，行动变得更加艰巨。现在，当我们谈论沙漠事件的原委时，还应谈一下同一时间发生在海上的事件。众所周知，希腊远征行动已给我方地中海东部舰队带来了巨大的压力。然而，眼下时局混乱，这一行动仅是困扰舰队的一个挑战。早在4月10日，坎宁安海军上将自己就已预感到，隆美尔的装甲部队突然气势汹汹地向前挺近，会使他的处境极为不利。他警告我们说：

> 如果德军下个月穿过地中海向北非运送足够的兵力，他们的控制区域至少可以扩展到马特鲁港；一旦成功，他们便会派出由战斗机护航的轰炸机向亚历山大港发动空袭，到时该港便难以用作舰队基地。要想破坏德军的这个计划，只能摧毁的黎波里港。我认为，炮轰的黎波里港并不可行。这不仅会给作战舰队带去风险，而且从对其持续的影响而言，采

取这种办法或许有所不值。我认为，连续发动空袭才是解决之道……因此，我认为必须立即把远程轰炸机派去埃及执行该任务，切不可耽搁。执行这项任务或许需要一段时间，可结果却决定着我们能否守住地中海东部地区。我再次强调一下时间问题，因为这关系重大。

唉，若要在几周内于埃及建立一支远程轰炸机队来成功摧毁的黎波里港，岂是易事。从现实角度来说，海上炮击这个办法不仅有效，而且能节省兵力，除此之外，也是我们能力范围内唯一可行的办法。与此同时，我觉得我方舰队当时在希腊战役中承受了巨大压力，但眼下他们可以通过这一方式在保卫埃及过程中发挥重要作用。

＊　　＊　　＊

关于是否有必要向的黎波里发起空袭这个问题，海军部与坎宁安海军上将展开了激烈的辩论。在辩论中，第一海务大臣由于强烈地意识到罗斯福总统将代表美国提供援助，便给地中海舰队总司令提供了一个替换飞机轰炸的方案，即让他的舰队冒着风险潜入最危险的海域，炮击的黎波里。这个方案实施起来难度很大，而且这样的事情在我方海军史上罕见。

海军部致电地中海舰队总司令：

显而易见，我们有必要立即采取极端措施来稳定中东局势。经过深入研究，我们认为，如果对的黎波里仅仅发动空袭，恐怕还无法阻止敌方的援军，而援军主要就是从的黎波里港进入利比亚。

鉴于此，我们必须对的黎波里采取措施，来彻底摧毁敌方的交通设施，使之长时间内无法使用。我们一致认为，如果在的黎波里港及其航道内四处埋下水雷，必会取得不错的

效果。然而我们不能只等这一个办法奏效，必须尽早采取其他措施。

有两个办法可供选择：1. 炮击该港；2. 设法封锁该港。

你的意见获得了海军部各长官的一致同意，他们认为炮击的黎波里未必能取得期望的效果，即便从短期来看，这个办法也不大可能大幅度降低敌军的增援率。因此我们决定，必须尝试将封锁与炮击相结合，而炮击任务应交给封锁船。当船只驶近港口时，直接瞄准目标进行近距离炮击。

经过对可供使用的船只类型进行周详考虑后，我们决定派"巴勒姆"号和"C"级巡洋舰执行炮击任务。

你肯定会因为派"巴勒姆"号执行该任务而深感惋惜。但我们认为，如果派其他几艘船只，必定会在炮击冲突中伤痕累累，而且取得的成果或许会让人大失所望。与其这样，还不如牺牲一艘军舰，至少有机会取得有实际价值的战果。

1941 年 4 月 15 日

我们发布这项命令是为了让勇士坎宁安相信，我们在白厅亲眼所见的事件已发展到何种程度。在眼下这危急关头，即使危险重重，我们也定要孤注一掷。而坎宁安海军上将则强烈反对牺牲像"巴勒姆"号这样的一级战舰。

地中海舰队总司令致海军部：

我已充分认识到，海军部各长官和女王陛下政府必定是经过一番深思熟虑后才做出决定，牺牲一艘战舰去执行摧毁的黎波里的任务。但我认为，只有具备以下条件，才值得付出这样的代价：首先，此次任务有相当大的成功概率；其次，任务成功后能达到预期的效果。我认为以上两点条件均不具备。至于谈到能否成功的问题，我甚至怀疑战舰是否有十分之一的把握驶入正确的地点。

即使成功了，我们也必将损失一艘一级战舰，这样一来，势必会大大助长意大利海军的士气。而且敌军根据这次行动便可猜出，在我方看来昔兰尼加已陷入绝境。

如果这次行动失败了，或只取得部分成功，我们的情形将变得更为不利。这样一来，我们只能从大西洋战役中调来另一艘战舰来补缺。

我们付出了这么多，得到的回报顶多只是让这个港口除了卸货外没有使用价值，何况还有其他法国港口可以替代它。

尽管考虑了这么多，还有一点我尚未算入其中，那就是这次任务必然会使两艘军舰上近千名士兵有去无回。他们被草草地派去执行这项任务，却对任务目的一无所知，而且一旦上船便不可能再有离开的机会。

如果派"巴勒姆"号单枪匹马执行任务，成功的机会非常渺茫。与其这样，我宁愿冒险派出所有的作战舰只来发动攻击。

考虑到以上这些理由，我认为有必要质疑海军部各长官的决定，恳请他们能根据我的看法再作考虑。

1941 年 4 月 15 日

当我们得知舰队将炮击的黎波里时，心里顿时松了一口气。海军部接到消息后即刻表示应允，并表示会在战场外承担他们的责任。4 月 21 日破晓时分，坎宁安率领"厌战"号、"巴勒姆"号、"英勇"号战列舰出现在的黎波里附近的海面上，随行的还有"格罗斯特"号巡洋舰以及驱逐舰。他们对的黎波里持续炮轰了四十分钟。所有人都未曾料到，这次行动竟然出奇制胜，二十分钟过后，海岸上的大炮都未发动反击，空军也没有做出任何抵抗。停泊在港口内的船只、码头和港口设备损失惨重。油库及其周围的房屋燃起了熊熊大火。而英国舰队则安然无恙地撤出，没有一艘船被击中。

坎宁安海军上将报告："今天（星期一）上午五点，我方舰队在

一万一千码至一万四千码的距离内，对的黎波里港发动炮击，持续时间达四十二分钟之久。让我没有想到的是，由于德军空军可能被调往了其他战区执行任务，因此我们这次竟然出奇制胜……对于此次炮击策略，我将在适当的时候发表我的个人看法。"

紧接着这位总司令又发来一封电报，以表达他激动的心情。

> 地中海舰队总司令致海军部：
>
>   我们发现，就目前所承担的任务而言，我们已无法进行有效处理。
>
>   我想申明一点，我仍旧坚决反对派遣地中海舰队炮击的黎波里的战略。上一次我们侥幸逃脱，纯粹是因为德国空军忙于其他地区的事务，我们才出奇制胜。我方出动了整支地中海舰队，花了五天时间才完成这个任务。而如果从埃及派遣一支重型轰炸机队，或许只需几个小时便可做到。我方舰队在这次行动中冒着相当大的风险，而且在我看来根本无须如此。其他任务目前都很紧迫，却为这次炮击行动都暂停了……
>
>   我实在想不出在大西洋形势如此紧张的情况下，如何能将"纳尔逊"号和"罗德尼"号从大西洋抽调入地中海舰队。
>
>   在我看来，空军部似乎正试图将自己的责任推卸给海军，而且在本应协助海军脱离险境时袖手旁观。
>
>   1941 年 4 月 23 日

我认为，通过这件事，我们可以看到双方相关的高级海军将领所立下的功劳。将来若有读者阅读海军史，他们便足以看到在这场危机中，我方执行任务时所面临的巨大压力。在我热切的推动下，总司令很有可能迫于整个海军部的压力而承担了不必要的风险；事实是，即使在这次任务中我方没有遭到损失，也不足以证明海军部有功无过。

另一方面，只有我们待在国内的人士方可权衡全球事件的轻重缓急，并由我们来承担最终责任。尽管我依然完全相信第一海务大臣的行动是有力和正确的，但我认为他应向地中海舰队总司令做出最详尽的解释，并告诉他，在亚历山大港，我们有可能面临着更广阔的作战范围。

首相致地中海舰队总司令：

1. 地中海舰队的首要职责是切断意大利和非洲之间的一切交通枢纽，该原则不容违背。

2. 由于你方打算派飞机执行袭击任务，因而耽误了炮击的黎波里的行动，这一点让我深感遗憾。其实我们早该预料到会这样，然而抱怨已无用，毕竟我们已战果显著，舰只与战士均未受损。对于这样的结果，我本人并不感到意外。敌人在非洲主要根据地上的主要炮台，尽管是在德国人的控制之下，但还是过了二十分钟以后才开炮还击，这便足以说明敌人不可能同时对每个地方都保持警惕。我认为在这种情况下，封锁计划应该会奏效。

3. 关于你方的空军支援一事：你的消息须准确，因为只有消息准确才可做出正确的判断。空军参谋长跟我说，如果要投掷炸弹，数量要和你们在四十二分钟内向的黎波里投掷的（即五百三十吨）相同，空军有两种选择：（1）如果派驻扎在马耳他岛的"韦林顿"式轰炸机中队投掷炸弹，可能需要十周半；（2）如果派驻扎在埃及的"斯特林"式轰炸机中队执行这项任务，则大致需要三十周。

......

5. 各战区的主要兵力部署是由我所执掌的国防委员会负责，空军部与此无关，该部只是执行委员会决议而已。自11月以来，为了把飞机运往中东，我已想尽各种办法，尝试过各种途径。在此过程中，我们遇到很大风险，并做出了巨大牺牲。尤其可以反映这种情况的是，当一支战斗机中队在飞

往马耳他时，三分之二的飞机被击落；"狂暴"号不得不搁置大西洋的任务，三次往返塔克拉迪。在此期间，我始终想尽办法支持你，称赞你方一次又一次的成功。我真诚地希望你也能相信，处于决策核心的我方会努力排除万难，做出正确而大胆的决定。

……

7. 你不知道我为何建议从大西洋把"纳尔逊"号和"罗德尼"号调入地中海舰队。我之所以认为这两艘军舰特别适合执行此任务，是因为它们舰上有装甲，而且我担心执行任务过程中敌方的俯冲轰炸机将发动袭击。能否抽调出这两艘军舰，取决于大西洋的战况。鉴于你身居要职，现在我要告诉你一件事。很长一段时间以来，我一直与罗斯福总统保持着密切联系。如今，他已开始负责巡逻西经二十六度以西的大部分地区。4月24日午夜时分，整支美国大西洋舰队协同大批水上飞机开始执行该计划第一阶段的任务。美国军舰将沿着我方护航航线巡逻，尾随——或者用他们自己的说法，"跟踪"——所有被发现的袭击舰和潜艇，并每隔四小时用明码向全世界播报这些舰只的位置。必要时还会多播报几次。此事不宜突然宣布，应随事态的发展而逐渐为人所知。因此我把此事透露给你时相当机密。该计划减轻了海军莫大的负担，为其提供了巨大的便利。当然，也很容易引发一些改变形势动向的事件。因此，此刻你无须太过担忧大西洋，可把战斗力集中于切断敌人与非洲之间的一切联系上，不管这种联系是通过的黎波里还是昔兰尼加建立，都须切断，而我方也正从多方入手来增强你方战斗力。此事关系到埃及战役。

8. 由于我十分钦佩你所获得的成就和你对大局的关注，你方舰队所遭风险之多也让我为之动容，而且你所承担的职责至关重要，基于此，我才不遗余力地向你完整叙述整起事件。

1941 年 4 月 24 日

*　　*　　*

　　我最主要的目标依然是取得西部沙漠的胜利。在隆美尔实力增强以及新一批强悍的装甲师全部抵达之前，我方必须要击毁其军队。此举至少能挽救我方在埃及的颓势。因此我必须详细叙述这起事件，在这其中，我承担了比平常更为直接的责任。韦维尔在守卫沙漠侧翼时被敌方打败，他的装甲车几乎损失殆尽。4月20日，星期天，我在迪奇莱度周末，当我正在床上工作时，突然收到韦维尔将军发给帝国总参谋长的电报，电报中他表明自己举步维艰。他说：

　　　　尽管昔兰尼加的局势已有所改善，但展望未来，由于我方坦克尤其是巡逻坦克的战力薄弱，因此我们仍会在一段时间内为昔兰尼加的局势感到焦虑。如你所知，这次沙漠战役的成败很大程度上取决于装甲部队的力量……在昔兰尼加战线上，敌方至少有一百五十辆坦克，其中约一半是中型坦克。眼下，敌军将这些坦克大部分部署在拜尔迪耶—塞卢姆地区，而且他们如果安排好了坦克供应问题，或许会准备继续向前进军。我在托布鲁克拥有一支实力薄弱的装甲部队，由巡逻坦克、步兵坦克和轻型坦克混合而成。在马特鲁地区，我拥有一个巡逻坦克中队……截至月底，我最为乐观的期望是至多有一个巡逻坦克团和一个步兵坦克团能协助马特鲁地区防务装甲部队，而且每个团都缺一个中队。5月时，我或许能从工厂再拿到三十至四十辆巡逻坦克，用来组建另一支力量薄弱的新部队。此外，我也许还能够获得一些步兵坦克来严密防守亚历山大港，以防敌方突击。我不指望从希腊收回任何坦克，在一段时间内也不会再运来其他坦克了。

他又补充了以下内容：

最新消息。我刚接到一则情报，看后十分不安。据我原来的估计，由于德军另一支殖民地师月初已在的黎波里登陆，所以该师应该会在本月底加入战斗。如今我方已在战场上发现了该师的一些部队。就在刚才，我接到了情报，最新迹象表明，这不是一支殖民地师，而是一支装甲师。若果真如此，局势确实很严峻，因为一支装甲师配有四百辆坦克，其中一百三十八辆是中型坦克。如果敌方能够解决坦克的供应问题，这将给我方带来重重阻碍。我先分析一下这则令人不快的消息，过后再给你发电报。①

同一天，韦维尔将军发来了另一封电报，里面详述了他所布置的坦克阵地。他说：

> 到了5月底，可以预见我方只能为埃及提供两个巡逻坦克团，而且团里的坦克一旦被击毁便没有替补。然而在埃及，有一支优秀的团队已经接受训练，现在可编成六个坦克团。我认为，由于步兵坦克在沙漠作战中速度过慢，作战半径也太小，因此除了要准备步兵坦克外，巡逻坦克也至关重要。帝国总参谋长，希望你能鼎力相助。

读完这几封电报后我深感担忧，我决定：不管海军部是否同意，我都要派一支运输船队运输韦维尔将军所需要的坦克，这支船队将穿过地中海直接开往亚历山大港。我方的一支运输船队即将起航并绕道好望角，船队里装载着大批用于增援的装甲车辆。我决定让船队中装载坦克的快速舰在直布罗陀与船队分开，抄近路前进，这样便可节省将近四十天的时间。伊斯梅将军当时住得离我很近，一天中午他过来看我，我便写了份私人备忘录给他，请他转交给三军参谋长。我让他

---

① 这个估计证明是夸大的。

立即带着备忘录赶往伦敦，并请他向总司令们表明，我十分重视这次行动。

首相致伊斯梅将军，转参谋长委员会：

1. 请读一下韦维尔将军近段时间发来的电报。中东战事的胜负，能否守住苏伊士运河，我们在埃及的大批部队会否遭到失败或陷入混乱，美国跨过红海与我方合作的希望是否会落空——这一切都取决于几百辆装甲车辆。如果可能的话，我们必须不惜一切代价将装甲车运到目的地。

2. 我将于明天（即 21 日，周一）中午召开一次会议，与会的有三军参谋长和海陆空军各大臣。随后，我方将展开必要的行动，并搜集情报。

3. 要想实现这一伟大目标，唯有派遣 W. S. 第七号运输船队中的车辆运输快速舰穿过地中海，直接开往亚历山大港。韦维尔将军在电报中表明，他要的是坦克，而非人力。运输过程中，有可能会损失所有或部分坦克，这样的风险我们必须承担。即使只能把坦克运到中途，局面也可扭转。五艘车辆运输舰装载了两百五十辆坦克，其中只有十四辆不是步兵坦克。在这批坦克中，我们应竭力托运尽可能多的巡逻坦克。据悉，如果船只多停留二十四个小时左右，便可多运输二十辆坦克。也就是说，由车辆运输舰组成的运输船队将于 4 月 23 日的早晨起航。

4. 运送战士的船只会经过好望角，根据帝国总参谋长的指示，该船将随时改变航程。

5. 我已要求海运部在上述起航日期前，无论其他方面有什么需求，都要设法再找两艘等速的车辆运输舰。如果能找到，应从国内战斗力最强的装甲师中再调出一百辆巡逻坦克。这些坦克应能胜任在热带地区作战，这是仅仅"适于沙漠作战"的特殊装备所不具备的功能。

6. 海军部和空军部当天就应考虑清楚并制订计划，以便使这支责任重大的运输船队顺利穿过地中海。当然，我们无法保证一定成功，因此必须承担风险。但到了那时，马耳他岛应该已经获得增援，而且由蒙巴顿率领的驱逐舰和其他海上援军也应该已经抵达该岛（或是和运输船队同时起航）。敌方的俯冲轰炸机还有许多其他目标，况且敌人也不知道船队运输的是什么东西。

7. 速度尤为重要。此事经不起一天耽搁。请把可能会发生的情况写成时间表交给我。如果按照每小时十六海里的速度计算，从起航那天，即 4 月 23 日算起，航期不过八天左右，至多十天。这样一来，我们就可在五月的第一周有效援助韦维尔将军了。做好保密工作是重中之重。除了高层人士，不能让其他任何人知道运输船队的部分舰只为何要在直布罗陀海峡走另一条路线，应让船队中的每个人都以为船只将经过好望角。

1941 年 4 月 20 日

伊斯梅抵达伦敦时，三军参谋长正在开会。会上，他们对我的备忘录内容展开了讨论，到了深夜方才散会。一开始，他们并不赞成我的建议。由于舰队在进入海峡的前一天以及早上经过马耳他岛之后，势必会遭到敌军俯冲轰炸机的袭击，而我方海岸基地的战斗机无法在这几片海域作战，因此车辆运输舰顺利穿过地中海的希望并不大。会上也有人提出：目前国内的坦克实力已经非常薄弱，如果此时海外部队的坦克遭受重创，他们势必会要求增援，最终将导致国内的坦克更加分散。

然而到了第二天，国防委员会在开会时，庞德海军上将支持我的建议，并同意运输船队穿过地中海，对此我感到十分满意。空军参谋长波特尔空军上将说，他会想办法派一支"勇士"式战斗机中队从马耳他岛开始对运输舰队加强掩护。接着，我要求委员会考虑再增派一百辆巡逻坦克交由这支舰队运输。为此，即使让舰队延迟两天再启程我也愿意。迪尔将军则认为用于国内防御的坦克已不够，因此反对再增派这些坦克。1940年7月，尽管那时坦克已为数不多，他仍同意把其中一半装上船，绕道好望角后运往中东。这也才是十个月前的事。鉴于这点，我只能认为他的理由是不充分的。正如读者所知，1941年4月敌人入侵时，由于我方已提前做好了适当的准备，因此我当时并没有认为危险已到了迫在眉睫的程度。现在，大家已知道我当时的看法是正确的。于是，大家在会议上决定执行由我命名的"老虎"计划：运输船队应加入第六艘船，以便装运六十七辆六号（巡逻）坦克。然而，尽管我们已竭尽全力，但还是没有按时装载完第六艘船，因此这艘船没有与运输船队同时起航。

*   *   *

我立即把这则好消息告诉了韦维尔。

首相致韦维尔将军：

1. 最近几天，我一直努力为你争取增援物资；我们派了三百零七辆战斗力最强的坦克穿过地中海，运往你处，5月10日左右你便可收到。我相信，你听到这个消息后一定非常高兴。这批坦克中，包括九十九辆四号、六号巡逻坦克，此外还有一百八十辆步兵坦克。而且六号坦克的必要零件也已运给了你。

2. 你曾在4月18日发来的电报中提到，你手头上受过坦克训练的人员已可编成六个团。鉴于此，我们只在运输车辆时才抄近路。和先前安排的一样，人员会经过好望角，但可能会有临时变动。

3. 你将从常规渠道收到以下内容：（1）正在装船的坦克及其配件的详细说明书，这些配件也适用于你以前收到的坦

克；（2）为进行沙漠作战必须安装的各种配件的说明书。我希望你能立即开始筹备，这样才能扎扎实实地逐步开展工作，并使著名的第七装甲师在克雷的率领下再立新功。这支装甲师先前曾被敌方击溃，我们为此感到很意外。

4. 你收到详细信息后，应尽早给我们提交一份如何安排这批坦克作战的计划。如果这批坦克能顺利到达（当然这一点谁都无法保证），以后的事就交给你了。截至 6 月底，不应再有德军留在昔兰尼加。

5. 由于保密工作极其重要，而且了解机密的人寥寥无几，所以在安排这批坦克投入作战时，你应放出假消息，说坦克正经过好望角，运往你处。这样一来，你收到这批坦克后才有出奇制胜的机会。祝你一切顺利。

1941 年 4 月 22 日

＊　　　＊　　　＊

尽管一切都在紧密筹备中，我们却依然为托布鲁克的行动感到担忧。24 日，韦维尔报告称，空军战斗机的情况不容乐观。希腊所有的"旋风"式战斗机都已损毁。由于敌方最近对托布鲁克发动空袭，当地的大部分"旋风"式战斗机都已被击毁和损坏。朗莫尔认为，如果在托布鲁克市内部署一支战斗机中队，只会使我方白白遭受重大损失。因此，在我方建立起新的战斗机队之前，敌方在托布鲁克始终占有绝对的空中优势。然而，就在那天早晨，守军击退了敌方的进攻，使敌方遭到重大伤亡，并俘虏了一百五十名敌军。

此时的人们内心惶恐不安，甚至有些悲观失望。对此，我不得不提出严厉的批评。

首相致帝国总参谋长：

我们切不可忘记，在实力方面，被围困的军队要比围攻

的军队强上三至四倍。他们想舒坦些，对此我们没有异议。
但他们不能掉以轻心，以防被一支小型部队围困而导致无法
袭击敌军的交通线。四千五百名敌军从七百里外跋涉而来，
要想抵御他们并守住这个防卫森严的地区，我们需要两万五
千名士兵，并给他们配备一百门大炮以及大量的军需物品。
这样，即使敌方是德国军队，我们也能顶得住。何况包围托
布鲁克的军队并不全是德军。我所引用的数据由陆军部所提
供。与敌方较量时，我们切不可妄自菲薄。

1941 年 4 月 22 日

＊　　　＊　　　＊

　　没过多久，韦维尔将军发来消息说隆美尔的援军即将抵达，我们
听后更加忧心忡忡。尽管德军第十五装甲师在穿过地中海时会遭到些
许损失，但该师在 4 月 21 日前便可能完成登陆任务。我军已在托布鲁
克的对面以及卡普措堡地区发现了该师的几支部队。据俘虏说，该师
始终缺乏运输军需物品的车辆。根据我们对已经抵达的黎波里港船只
的观察，这个师要想装备齐全，似乎还需要二十一艘船来运输物资，
平均每艘船的装载量要达到五千至六千吨。该师在深入东部地区时，
需要靠班加西和昔兰尼加其他的小港口来解决所需给养。种种迹象表
明敌人正频繁使用班加西港。他们至少需要十五天的时间来搜集物资。
据此估计，第十五装甲师、第五轻摩托师、阿里埃特师和特兰托师①
将于 6 月中旬后进军，而非 7 月以后。这比之前的预计提前了两周。

　　韦维尔还报告说，有一点他必须承认，德军的行动总是出人意料，
因此他无法保证敌人的能力是否会比他所估计的强一些。例如，他们
昨晚就开始从塞卢姆地区进军，可据我原本对他们军需品的供应情
况估计，他们根本做不到。

---

　　① 阿里埃特师和特兰托师，这两个师是意大利师。——译者注

自从班加西落入德军手中，班加西便发挥了重要作用。可我们先前却未能将之变作有用的基地，在国人看来，这一点实在令人不满。

*   *   *

接下来的两周里，我的注意力主要集中在"老虎"计划的实施情况，并为此感到焦虑不安。我大致能估算出第一海务大臣愿意冒多大的风险，也清楚此时海军部正疑虑重重。这支运输队由五艘时速十五海里的船构成，在萨默维尔海军上将所指挥的"H"舰队（"声威"号、"马来亚"号、"皇家方舟"号和"谢菲尔德"号）的护卫下，于5月6日经过直布罗陀。同行的还有前往增援地中海舰队的舰只，包括"伊丽莎白女王"号和巡洋舰"水上女神"号、"斐济"号。5月8日，敌军屡次发动空袭但都被击退，我方毫发无损，并击毁了七架敌机。然而当天夜间，运输船队中的两艘船在靠近突尼斯海峡时撞到了水雷。其中一艘为"帝国颂歌"号，这艘船在爆炸起火后沉入海底；另一艘为"新西兰之星"号，触雷后仍继续随运输队航行。船队刚抵达斯可基海峡入口，萨默维尔海军上将便与其分道扬镳，驶回直布罗陀了。他派了六艘驱逐舰和"格罗斯特"号巡洋舰前去增援护航舰只。9日下午，坎宁安海军上将抓住机会把一支运输船队护送至马耳他岛后，在岛屿以南五十英里处和"老虎"运输船队会合。接着，他所率领的全部舰只都驶向了亚历山大港，途中没有再遭到损毁或损伤，顺利抵达目的地。在实施这些行动的过程中，他们还趁机于5月7日和10日夜间出动轻型舰队，向班加西发起炮击。

这支至关重要的运输船队承载着我的希望，当得知它已平安穿过突尼斯海峡，并得到了实力增强的地中海舰队的全力保护时，我感到十分高兴。尽管这事尚未成定局，但我已把注意力转到了克里特岛上。如今，我们已确定德国即将出动空降部队，大举进攻克里特岛。在我看来，如果德军占领了该岛，并将岛上的飞机场据为己用，那他们的力量便可源源不断地增长。要想阻止德军，十二辆步兵坦克可能就能

起到决定性作用。因此，我要求三军参谋长考虑一下，能否让"老虎"运输船队中的一艘船中途转向克里特岛，卸下几辆步兵坦克。深谙内情的同僚们尽管跟我一样，也同意坦克对保卫克里特岛有特殊作用，但他们却认为如果改变航程，会给船上剩下的宝贵物资招致危险，所以中途卸载坦克这个主意并不可取。鉴于此，5 月 9 日，我向他们提议，如果他们"认为派'拉蒙特氏族'号去苏达湾有危险，那么应让该船抵达亚历山大港并卸完货后，立即往克里特岛运十二辆坦克，或派其他船只运输也可"。于是他们便根据我的建议下达了命令。韦维尔于 5 月 10 日复电称，他"已经安排妥当，将六辆步兵坦克和十五辆轻型坦克运往克里特岛"，而且"如果一切顺利，几天内便可抵达"。

* * *

我自然期望"老虎"计划能再取得一些显赫成就。尽管这项计划的主要责任显然应由我承担，但我也许未曾意识到，计划已给相关方面带来了巨大压力。当初我就断定，船队穿越地中海会面临诸多危险，最后事实证明我的判断是正确的。另一方面，我的海军朋友们说，我们这一阵运气不错，还碰上了难得的好天气，所以这次行动才能成功。海军部当然不希望仅因为这一次的成功，就让他们接二连三进行如此危险的行动。于是我便遇到了在我看来相当大的阻力。韦维尔将军不但没有坚持此事的重要性，反而和我持相反意见，如果不是因为这样，我早就敦促内阁就此事做出决议了。韦维尔的态度无疑拆了我的台。因此，到了后来，由另一支运输船队把五十辆巡逻坦克和五十辆步兵坦克绕道好望角，送到了目的地。7 月 15 日，这支运输船队才抵达苏伊士。

截至那时，发生了很多事情。然而，并不是所有事情都不尽如人意。

第二章

TWO

伊拉克的背叛

1930 年签订英伊条约①——"黄金方阵"——印度派来援军——航空学校奋勇提供援助——伊拉克军队遭遇溃败后四处逃窜——"哈巴尼亚部队"抵达目的地——希特勒发出指令但为时已晚——向巴格达进军——拉希德·阿里逃走了——迅速攻占伊拉克——摄政者重返巴格达——付出少许代价勉强扭转了严重的危机——英国与埃及意见不一致

　　根据 1930 年签订的英伊条约：和平时期，除了其他方面，我们可继续使用巴士拉附近和哈巴尼亚的空军基地，还享有随时运送军队和军需物品的权力。这个条约还规定：如果我们在战时运送武装部队，所有便利的交通设施，包括铁路、河流、港口和飞机场在内，都会向我们开放。战争爆发后，伊拉克与德国断交，但并未对德宣战；意大利参战时，伊拉克甚至都未曾与之断交。于是，意大利驻巴格达公使馆便成为轴心国的主要中心，宣传和煽动反英情绪。在这些活动过程中，他们得到了耶路撒冷伊斯兰教宗教领袖的协助。战争爆发前不久，这些宗教领袖便逃离巴勒斯坦，随后来到巴格达寻求庇护。

　　令我们深感忧虑的是，随着法国遭遇溃败，轴心国停战委员会抵达叙利亚，英国的威望也一落千丈。由于我方的兵力集中于其他地区，无法在此展开军事行动，只能尽力妥善应对。1941 年 3 月，局势更加不容乐观。拉希德·阿里一直与德国相勾结，现在他当上了总理，还

---

　　① 在伊拉克民族独立运动迅猛发展的形势下，英国玩弄的欺骗伎俩。它虽然表面上承认了伊拉克的独立，但保留了委任统治时英国在伊拉克的既得利益和种种特权。伊拉克的内政、外交和国防大权实际仍控制在英国人手里。

和伊拉克三名重要军官联手，开始设计阴谋诡计。这四人组成了"黄金方阵"。支持英方的摄政者阿卜杜尔·伊拉都督于3月底逃离了巴格达。

当前的首要任务是守住位于波斯湾的巴士拉港口，它是伊拉克的主要港口。我给印度事务大臣写了一份备忘录，内容如下。

　　首相致印度事务大臣：

　　　　前些时日你曾提到，你方也许能从边防部队再调一个师前往中东。伊拉克的局势已渐趋严峻。鉴于美方越发想要在巴士拉建立一个大型的飞机组装基地，以便直接将物资运往该港，因此我们务必要守住巴士拉。考虑到战线必然会延伸至东部，这项计划显得尤为关键。

　　　　我会告诉三军参谋长，针对以上问题，你要仔细研究其实施的可能性。奥金莱克将军也计划再调遣一支部队。

　　　　　　　　　　　　　　　　　　　　1941年4月8日

艾默礼[1]先生当天便给印度总督发送电报，告知此事。林利思戈勋爵和总司令奥金莱克将军当即表示，愿意调一个步兵旅和炮兵团给巴士拉，这两支部队的大部分士兵已登上开往马来亚的船只了。其余部队随后也会尽快前往巴士拉。4月18日，在英国空降营的掩护下，该部没有遭到阻击，顺利在巴士拉登陆。该空降营前一天降落在了舒艾巴。我们请求印度政府，尽快将派往马来亚的两个旅运往巴士拉。

　　首相致伊斯梅将军，转参谋长委员会及各有关方面：

　　　　请尽快将军队派往巴士拉。至少要把先前允诺的三个旅迅速运至该地。

　　　　　　　　　　　　　　　　　　　　1941年4月20日

---

① 里奥·艾默礼，英国政务活动家。出生于印度，受教于哈罗公学和牛津大学。

首相致外交大臣：

有一点应告诉基纳汉·康沃利斯爵士①，我们主要是为了在巴士拉建立一座大型的组装基地，并对其加以掩护，才向伊拉克派遣军队。而且除了哈巴尼亚地区以外，凡是发生在内地的事务，都要先放一放。我们行使条约中的权利，都是为了掩护这次登陆任务，避免流血冲突。但在必要时，我们也会最大限度地使用武力以确保登陆成功。因此，我们在巴士拉的地位并不完全取决于条约，也会依据战争引发的新事件而定。我们无法保证是否会派兵前往巴格达，也不能确定军队能否穿过伊拉克前去增援巴勒斯坦。伊拉克现政府自身就是靠武力篡夺了大权。从精神上来讲，该国实际上早已侵犯了我国在条约上所享有的权利。对于这样的国家及其政府，我们认为他们没有权利要求我们做出保证。基纳汉·康沃利斯爵士也最好不要随意做出解释，以免把自己卷入其中。

1941 年 4 月 20 日

于是，我方大使告知拉希德·阿里，另外一些运兵船只将会在 30 日抵达巴士拉。拉希德·阿里回应称，等到抵达巴士拉的部队离开，他才会允许其他部队登陆该港。奥金莱克将军接到指示，登陆工作照常进行。拉希德·阿里先前一直盼着德方飞机，甚至德方空运部队实施增援，可眼下他不得不采取行动。

拉希德·阿里采取的敌对行动首先就将目标对准了哈巴尼亚，即我们在伊拉克沙漠中的空军训练基地。4 月 29 日时，两百三十名英国妇孺刚乘飞机从巴格达抵达哈巴尼亚。驻扎在营地的英军总数不到两千两百人，平民人数却已将近九千。在这种情况下，那所航空学校便成为至关重要的据点。斯马特空军少将担任该地指挥，为了应对日益恶化的危机，他采取了大胆并及时的防备措施。以前，航空学校只有

---

① 基纳汉·康沃利斯爵士，英国驻巴格达大使。

一些老式或训练用的飞机。现在，学校从埃及运来了一些"斗士"式战斗机，并临时把八十二架各式飞机编成了四个中队。29 日，从印度空运来的一个英国营抵达该地。外围防御只是围了一圈七英里长的铁丝网，这显然是不够的。30 日，伊拉克部队从巴格达赶来，抵达不到一英里之外的高地，站在那片高地可俯瞰飞机场和兵营。没过多久，伊拉克又从巴格达派来援军，人数增至九千人，备有五十门大炮。接下来的两天，双方一直在谈判，却毫无进展。5 月 2 日黎明时分，战争打响了。

＊　　　＊　　　＊

新一轮危机爆发之初，韦维尔将军便表示不想再被委以更多重任。他说会把准备工作做好，尽量让别人以为我方正从巴勒斯坦调集大批军队，以便展开行动。伊拉克政府或许会受此影响。韦维尔将军认为自己无法调来太多军队，而且时间也不充裕。调兵行动至少要一周之后才能展开。况且如果调走了这支军队，我方在巴勒斯坦的处境将岌岌可危，更何况目前有人已经开始在巴勒斯坦煽动叛乱。韦维尔将军说："我曾不止一次提醒过您，面对眼下这种情况，我们根本无法从巴勒斯坦向伊拉克派遣援兵。而且我一直都奉劝您，不要对伊拉克动兵……我能派出去的军队已经都派出去了，而且我也绝不可能让军队冒着风险，投入到没有结果的战斗中去。"

叙利亚的战事也同样吃紧。中东战区的各位总司令曾说过，如果无须对战伊拉克，在澳大利亚军队重新整装待发之前，他们至多也只能派一个机械化骑兵旅、一个炮兵团以及一个步兵营前往叙利亚。这支军队根本抵挡不住德军派往叙利亚的军队。如果维希法国积极抵抗德军，我们方会派军队前往。要是最终决定进军叙利亚，最好先派出英国军队，而非法国自由军。若后者参与其中，会引起强烈不满。

5 月 4 日，我们致电韦维尔将军，告知其关于伊拉克的决定：

已不可避免要在伊拉克动兵。为了在情况需要时保护波斯的石油，我们必须在巴士拉建立一个基地并控制该港口。

德国空军在爱琴海占据优势，由伊拉克通往土耳其的交通线便显得尤为关键……即使我方没有向巴士拉派遣军队，伊拉克仍会听命于轴心国，卷入哈巴尼亚目前的局势中，我们最终还是得冲破伊拉克的抵抗，在巴士拉强行登陆，如此一来，我们便无法毫无阻碍地建立桥头堡……如果由土耳其出面调停，我们当然会接受，但不会做出让步。现在的主要任务依然是要保证埃及的安全。然而，我们也应竭尽全力拯救哈巴尼亚，控制通往地中海的输油管。

奥金莱克将军会继续派遣援军。6月10日之前，如果船只安排妥当，他还可再派出五个步兵旅及其附属部队。我们十分欣赏他的敢作敢为。韦维尔将军虽服从命令，但实则心怀不满。5日，他发来电报："您的致电很少会联系实际。但您必须面对事实。"他不确定自己正调集的军队能否解救哈巴尼亚，也不知道哈巴尼亚能否坚守到12日，即他的军队到达时。韦维尔将军说："我觉得自己有责任提醒您可能会发生的最严重的情况。在我看来，一旦伊拉克战事延长，将严重危及巴勒斯坦和埃及的防务，由此引发的政治影响是无法预料的。我这两年来一直极力避免基地内部发生严重动乱，如果战事延长，这种情况便无可避免。因此，我再次强烈地请求您尽早通过谈判达成和解。"

对此我很不满意。

首相致伊斯梅将军，转参谋长委员会：

立即查看韦维尔将军和奥金莱克将军发来的电报，并于今日午餐之前在下议院向我报告。

以下几点需引起注意：

电报中提及的部队似乎实力颇强，为何他们会认为这支部队打不过伊拉克军队？你们对此有何看法？骑兵师想当然

地留在了巴勒斯坦，在此期间，竟连一支机动部队都没有基本编成！

我方驻哈巴尼亚的部队为什么要在 5 月 12 日之前投降？据目前报告统计，他们并未遭遇多大损失。昨晚步兵突袭成功，而且据说只要我们的空军一出现，敌方便会立即停止炮击。空军应竭尽全力增援并鼓励哈巴尼亚。是否可以确保再从埃及空运一些步兵前来增援？应严令战地指挥官誓死坚守阵地。

韦维尔将军建议通过谈判达成和解，我们怎么可能这么做呢？据我方推测，伊拉克人可能会受德军的唆使，坚持让我们撤出巴士拉，或要求我方部队听他们的指挥，分成几个小队，从伊拉克撤往巴勒斯坦。我方驻巴士拉的高级海军军官认为，如果我方在该地遭到溃败或进行投降，后果将不堪设想。印度政府也和他持相同观点。韦维尔将军的态度令我惴惴不安。看来，和当初在西部侧翼一样，他在东部侧翼也遭到了突袭。尽管他手下有大批士兵，大量运输船队也将抵达，可他似乎连调几个营或几个旅都有困难。在我看来，他已经筋疲力尽了。

印度总司令提议增援巴士拉，对此，我们应极力赞成。

1941 年 5 月 6 日

*　　*　　*

得到参谋长委员会的支持后，中午时分，在国防委员会召开会议时，我把所有问题都提了出来，和大家一起商讨解决办法。大家态度都很坚决，决定发出以下命令：

参谋长委员会致韦维尔将军及其他有关人员：
针对你昨天发来的电报，国防委员会已予以认真考虑。

除非伊拉克能做出让步，并保证日后不再和轴心国阴谋勾结，否则我们不会答应通过谈判达成和解。实际情况是，拉希德·阿里早已和轴心国相互勾结，他只是在等轴心国向他提供援助后再出手。我军抵达巴士拉之后，尽管轴心国还未做好准备，拉希德·阿里却不得不提早出手。因此，如果我方能抓住时机大胆行动，便获得扭转局势的良机。

三军参谋长就此向国防委员会表明，他们已做好准备，将尽早派出你在电报中提到的那支部队。国防委员会下达指示，应告知空军少将斯马特：我们将向他提供援助，与此同时，他的职责是不到最后一刻，切不可放弃保卫哈巴尼亚。我方在伊拉克的战斗中，在保证埃及安全的前提下，应得到最大程度的空军支援。

1941 年 5 月 6 日

在此期间，哈巴尼亚那所航空学校的几个空军中队向高地上的伊拉克军队发动袭击，而"韦林顿"式轰炸机也从波斯湾的源头舒艾巴起飞，加入袭击行动中。敌方予以还击时，炮击了我军营地，还调动飞机向我军阵地进行投弹和扫射。当天，我军死伤四十余人，二十二架飞机遭到损毁。尽管炮火连天，飞机很难起飞，我方飞行员仍继续发动袭击。敌方步兵并未扩大进攻范围，我方逐渐攻占了他们的炮台。原来，敌方炮手一遭到空袭，甚至刚看到我方飞机从其头顶掠过，便弃炮而逃。我方充分利用敌方的胆怯心理，从第二天起便将部分空军力量转向攻击伊拉克空军及其基地了。5 月 3 日和 4 日夜间，地面巡逻队发动进攻，从哈巴尼亚前去突袭敌军防线。到了 5 日，皇家空军向敌军连续进行了四天空袭，敌方实在支撑不下去了，便趁夜间撤出高地。我方乘胜追击，成功俘获四百名敌军、十二门大炮、六十挺机枪和十辆装甲车。敌方从法卢贾派来一支增援部队，进军途中被我方发现，我方特意从哈巴尼亚派出四十架飞机，将他们一举歼灭。因此到了 5 月 7 日，哈巴尼亚所遭遇的围攻得以解除。埃及曾派战斗机增援我方守军；英国妇孺也已乘飞机撤退至巴士拉；伊拉克空军被我方实际歼灭了约六十架飞机。这些好消息一点一点向我们慢慢传来。

首相致斯马特空军少将：

你方采取的行动有力而出色，在极大程度上挽救了局势。我们所有人都在关注着你们的大作战，会尽一切可能向你们提供援助。请坚持下去。

1941 年 5 月 7 日

首相致韦维尔将军：

哈巴尼亚的局势似乎已经大有起色；或许在德军抵达之前，仅凭我们目前对伊拉克所采取的大胆行动便可镇压该国叛乱。德军固然可以乘坐重型轰炸机直接飞往伊拉克，但轰炸机只可运一些暂时所需的供应品，无法持久作战。在他们抵达之前，我们应予以重击，提前摧毁他们的士气。在我看来，如果能扫清鲁特巴和哈巴尼亚的障碍，我方即可攻占巴格达，或借机在其他方面取得成功。关于部落的激励工作和政府政策，我会向你另行致电。

1941 年 5 月 7 日

韦维尔将军已直接回电三军参谋长：

我认为你们应当认清一点，今后几个月里，由于伊拉克政局不利于我方，因此我们在伊拉克所能采取的军事行动是有限的。从印度派去的军队可以保护巴士拉，但在我看来，除非我们能和当地人民及部落相互合作，否则我们无法向北进军。由巴勒斯坦派出的军队可以援救哈巴尼亚，并守住巴格达入口，以防伊军继续向哈巴尼亚前进。然而，如果遭到抵抗，我们就无法进入并据守巴格达……因此，为了避免在

非重要区域进行重大军事行动，我依然建议无论采用什么手段，只要切实可行，都要寻求一个政治上的解决办法。

1941 年 5 月 8 日

虽然我知道韦维尔将军深思熟虑，恪尽职守，可我依然得继续向他施压。

首相致韦维尔将军：

1. 5 月 8 日，你发来了有关伊拉克的电报，国防委员会对此已予以考虑。据我们所知，拉希德·阿里及其党羽正陷入绝境。无论情况是否属实，你都要和他们打一场硬仗。那支正在巴勒斯坦待命的机动部队，应按照你的计划如期进军。如果可能的话，应尽早动身。无论是在鲁特巴还是哈巴尼亚，在与敌军作战时你们都要主动出击。等该部队与哈巴尼亚的部队会师后，你要尽量利用一切机会，即使只有小股兵力，也要当机立断攻进巴格达。要像德国人那样，习惯冒此类风险，并从中获益。

2. 如果拉希德·阿里不能即刻接受参谋长委员会在电报中所提出的条件，双方便无须谈判。这次谈判只是为了等德国空军过来而实施的拖延战术罢了。在我方看来，如果你把一部分地面部队调往伊拉克，并不会对你在西部沙漠当前所面临的问题产生影响。空军应竭尽全力兼顾双方。除非你在西部沙漠已经或即将遭到实质性攻击，否则，空军必须调遣必要的飞机，来支援我们在伊拉克的军事行动。

1941 年 5 月 9 日

我努力消除韦维尔将军心中的疑虑，并向他保证，我们只是为了应对当前的需要而已，并不打算扩大作战范围。

你无须为伊拉克长久的未来而太过担忧。眼下，你的任务是在巴格达建立友好政府，凭借卓绝的气势打败拉希德·阿里的军队。我们目前并不想沿巴士拉上游展开大规模行军，也没有发出攻占基尔库克或摩苏尔的命令。我们从未想过要改变伊拉克的独立地位，而且我们已就此事根据你的意见做出了完整指示。然而，行动才是关键，也就是说，机动部队应立即动身，构建巴格达与巴勒斯坦间的有效联系。德军可能过不了多久便会到达，因此此事经不起一天耽搁。我们希望，该部队于 10 日出发，12 日抵达哈巴尼亚，当然前提是哈巴尼亚能坚持到那一天。事实上，他们不仅守住了哈巴尼亚，而且战果颇丰。我们相信，你已如期行事，并会竭力督促他们加快行动的步伐。

面对这些日益累积的要求，韦维尔英勇地做出了回应。13 日，他报告说："在'老虎'计划内的坦克抵达前，我便下令将现有的全部坦克加入戈特部队，并在塞卢姆地区向敌人发起进攻……如果西部沙漠的战事顺利，我会设法向巴勒斯坦派遣援军，从而对伊拉克采取行动……我们会努力尽快解决棘手的伊拉克问题……面对蓄势待发的敌军，我也正尽我所能对克里特岛加强防御。今天下午，我和卡特鲁一起探讨了叙利亚问题。"

*　　*　　*

"老虎"计划内的坦克截至此时已顺利抵达亚历山大港。我殷切希望在克里特岛、西部沙漠和叙利亚都能取得佳绩。这些冒险行动虽彼此关联，结果却不尽相同。

首相致奥金莱克将军：

1. 让我欣喜的是，你即将前往巴士拉与韦维尔会面。他

会把"老虎"和"火炉"作战计划（保卫克里特岛）的情况告诉你。如果能在叙利亚首战告捷，伊拉克的所有价值在德方和伊拉克人心中会发生改变。

2. 我们对你曾为巴士拉所付出的巨大努力表示感激不已。能在那里集结越多的印度部队，情况就越有利。但我们认为，眼下尚不能贸然向北进军，攻打巴格达（如果路面状况良好，小股部队可先行），更别提攻占基尔库克和摩苏尔了。得知"老虎"和"火炉"计划进展状况前，这个问题暂且不予考虑。因此目前，我们只能努力在巴格达建立友好政府，并在巴士拉建造桥头堡，规模越大越好。尽管自由法国已获准在叙利亚放手行事，可我们眼下控制叙利亚的可能性并不大。如果能在叙利亚打败德军，局势将发生根本性变化。我们在做到这一点前，没有更远大的目标了。如能实现，届时一切都将容易得多。

1941 年 5 月 14 日

*　　*　　*

我们在克里特岛遭遇了虽算不上千钧一发却更为残暴的事件。在记述这些事之前，最好先让我把伊拉克的战事讲完。

前来支援我方的"哈巴尼亚部队"是一支从巴勒斯坦出发的摩托化旅。5 月 18 日，该旅的先遣部队抵达哈巴尼亚，继续向敌军发起进攻，而此时敌军正在法卢贾据守横跨幼发拉底河的大桥。此刻，我们的敌人已不仅仅是伊拉克人。5 月 13 日，第一批德军飞机已抵达并驻守在摩苏尔机场。此后，我方空军的首要任务便是袭击这批德军飞机，防止它们通过铁路运输从叙利亚获得供给。5 月 19 日，"哈巴尼亚部队"的先遣部队与哈巴尼亚守军的地面部队一起，向法卢贾发动进攻。由于洪水暴发，这两支部队无法直接从西面靠近目标。因此，他们派出小股纵队穿过法卢贾上游的浮桥，切断了敌方守军的退路；另一支部队则通过空降，封锁了通往巴格达的公路。原本，我们希望通过此次行动和空袭，使近一个旅的敌军不得不投降或疏散。但最终，我们还是得发动地面进攻。河流西岸的那股小部队原本负责用步枪来阻止敌军摧毁那座关键的浮桥，后来他们奉命前进，发动突击，一战取胜，且无一人伤亡。敌人撤退了，被俘三百人。三天后，敌军发起反攻，后被我军击退。

为了最终向巴格达进军，我们花了些时日做准备工作。在此期间，我方空军向驻扎在伊拉克北部飞机场的德国空军发起攻击，使他们的努力最终付之一炬。一个意大利战斗机中队随后闻讯前来，但无功而返。陆军元帅布隆贝格的儿子是一名德国军官，负责轴心国空军中队和伊拉克军队联合作战。他在登陆巴格达时，遭到盟友误射，头部中了一枪。他的继任者费尔米将军虽然较幸运地成功登陆，却也无计可施。5 月 23 日，他收到希特勒发来的明确指示。可此时，轴心国已错失良机，再也无法有效干涉。

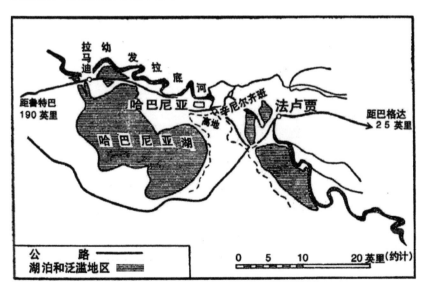

哈巴尼亚— 法卢贾

希特勒关于中东问题的第三十号指令

战地大本营：

　　我们在中东对抗英国的天然盟友就是阿拉伯自由运动。就此而言，在伊拉克掀起一场叛乱尤为重要。这场叛乱应延伸至伊拉克境外，从而加强英国在中东的敌对势力，中断英国的交通线，并牵制住英国军队及其船舶，以便削弱英方其他战区的作战能力。基于此，我决定通过增援伊拉克来促进中东战事的发展。日后，当我方在向苏伊士运河发动攻击的同时，能否最终摧毁英国在地中海与波斯湾之间的地位，以及以何种方式促成此事，这一切仍难以预料……

1941 年 5 月 23 日

　　我军于 5 月 27 日夜间开始向巴格达进军。由于洪水肆虐，而且不少灌溉水道上的桥梁被炸毁，因此行军速度缓慢。然而，到了 5 月 30 日，我军先遣部队已抵达巴格达近郊。尽管该部队人员较少，且还有一个伊拉克师驻守在城内，可当我方部队一出现，仍旧打了拉希德·阿里及其同僚一个措手不及，以致他们当日便逃往波斯，同行的还有其他滋事者，如德国与意大利公使、耶路撒冷前伊斯兰教领袖等。次日，双方签署休战协议，伊拉克摄政者复位，新政府执政。不久以后，我方派出陆军和空军部队，占领了该国所有重要据点。

　　由此，德军的计划功败垂成，他们本想在伊拉克掀起叛乱，不费吹灰之力就掌控这大片区域。4 月 18 日，印度部队的一个旅十分及时地登陆巴士拉，迫使拉希德·阿里尚未准备就绪便不得不提前行动。即便情况如此，我们的部队数量依然有限，时间也并不宽裕。要不是航空学校奋力保卫哈巴尼亚，我们或许很难取得成功。当然，德军手中还有一支空运部队供其调遣。眼下，德军原本可凭借这支部队拿下叙利亚、伊拉克、波斯极其珍贵的油田。希特勒的势力原本可延伸至遥远的印度，并向日本伸手召唤。但正如我们即将看到的，他却选择将自己战斗力最强的空军部署在另一个方向。我们常听军事专家反复强调一条原则，要把优势兵力部署在决定性战场。此话的确言之有理。可在战争中，和其他原则一样，此条原则是依据事实和实际情况而定；不然，战略也就不足以谈。它将变成军事操典而非艺术；它将仅仅取决于条条框框，而非通过审度变幻莫测的形势，来做出明智而又恰如其分的判断。希特勒的确错失了一次良机，他原本仅需付出少许代价便可在中东获得巨大的战利品。尽管我们在不列颠举步维艰，却凭借有限兵力而免遭影响长远且难以弥补的损失。

有一点我们需切记，中东紧张的局面迫在眉睫，与此同时，各方均向韦维尔施压。在这些压力中，伊拉克的背叛只不过是其中的一小方面而已，其他方面包括：德军向克里特岛即将发起的进攻；我们在西部沙漠进攻隆美尔的计划；埃塞俄比亚和厄立特里亚的战局；还有我方提前预防德军入侵叙利亚的迫切需求。站在英国的角度，整个地中海局势同样仅仅是我们所面临的世界问题中的一小方面而已。在这些世界性问题中，德国入侵给我方造成的威胁、潜艇战和日本的态度才更为重要。只有战时内阁实力强劲，团结紧密，政治与军事首脑间相互尊重，谋求一致，并且指挥作战机构顺利工作，我们方能克服重重困难，即使遭受重创，也在所难免。

对于英国战时内阁和三军参谋长，同其总司令之间日趋紧张的关系，读者们可能已经有所察觉。总司令驻守在开罗，虽然任务艰巨，但他仍顽强战斗。由我负责的国内行政部门在白厅直接否决了现场负责人的决策。他们接下该负责人手中的事务，亲自下令向哈巴尼亚提供援助，一切和拉希德·阿里进行谈判的相关建议都免谈，并拒绝由土耳其出面调停，此事先前曾一度提到过。最终的结果是取得了迅速而圆满的成功。尽管没有人能比韦维尔更高兴与欣慰，但这一段插曲始终在他和我们心中留下了印记。与此同时，奥金莱克将军在印度总督诚挚的允诺下，如我们所愿，迅速往巴士拉派了一个英印师，并表示愿意提供印度援军，他的态度使我们意识到，他头脑十分清醒，可自身的才干却有待发掘。随着战事的开展，读者们也会看到随之而来的结果。

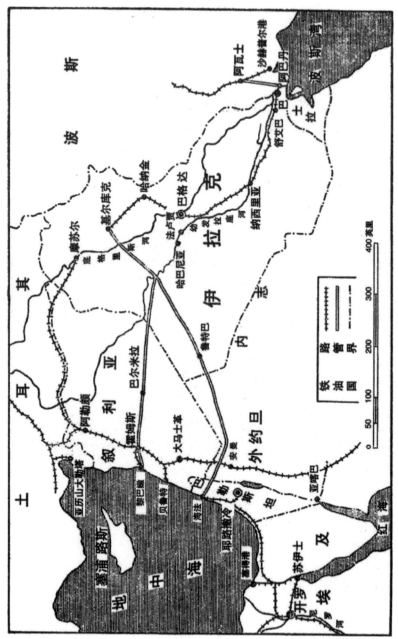

叙利亚和伊拉克

第三章

THREE

克里特岛：大难将至

克里特岛的局面——我们的准确情报——奋力增援我方空军——韦维尔与弗赖伯格幻想破灭——新西兰忧心忡忡——弗赖伯格无所畏惧——德军对克里特岛实施空中封锁——我方空军力量极度匮乏——"科罗拉多"和"火炉"作战计划——令人屏息以待的踌躇——战争一触即发

　　根据推理论证和事态演变，克里特岛对我方在地中海的所有事务都有着重大的战略意义。如果苏达湾能够成为英国军舰基地，或为英国军舰补给燃料，马耳他岛便能得到至关重要的保护。我方的海军力量原本就略胜一筹，若我们能在克里特岛基地做好防空工作，则可充分发挥我方海军优势，击退所有由海路进犯的敌军。然而，意大利的罗得岛要塞仅离我们一百英里，该岛的机场范围广阔，设施完善。自今年年初起，我方便计划夺取并占领罗得岛，而且已把海军基地机动保卫队从英国调走，一旦形势需要，便派其进驻罗得岛或苏达湾。该保卫队共计五千三百余名队员，均受过严格训练，个个出类拔萃，并且队伍装备精良。此外，莱科克上校所率的突击队（约两千人）也已绕道好望角，英国第六师也正在埃及进行整编，这两支队伍可组成一支进攻部队，兵力足以占领罗得岛。但是，迫于事态压力，我们不得不暂缓这一行动。如果德军在此期间派遣飞机前往罗得岛，克里特岛便岌岌可危。为了应对突发事件，海军基地机动保卫队留在了亚历山大港待命，既没有被派往前去协助占领并据守罗得岛，也未被派去建立苏达湾防御设施，巩固防守力量。

　　克里特岛当地的一切工作都在时断时续地进行着。读者应当已经

发现，我曾一再发出"需在苏达湾设防"的指令，甚至还曾用"第二个斯卡帕湾"来形容过。自我们占领该岛以来，已过去了将近六个月，但目前而言，纵使我们放下其他更为迫切的需要，也只能整编出一支实力稍强的高射炮部队；中东指挥部在当地或其他地区找不到劳工前去扩建飞机场。如果希腊还在盟国手中，我们根本无法将大批驻军派往克里特岛，或派遣强大的空军驻守在该岛的飞机场。我们本应做好一切准备工作，以接纳援军或在必要时被派来的部队。但是，我们并未制订计划，也未设法推进此项工作。在这六个月中，已接连换了六位司令官。中东指挥部本该进行更细致的研究，克里特岛需要做好哪些工作以防御海空袭击。事先，他们既没有考虑到应在该岛南部的斯法基亚或廷巴基设置港口，或至少准备一些登陆设施，也没有想到应修筑一条通往苏达湾和飞机场的公路，以便从埃及派兵增援克里特岛西部。研究问题不透彻，执行命令不得力，这些责任应归咎于开罗和白厅双方。

继昔兰尼加、克里特岛和沙漠地区遭遇失败以后，此时我才意识到，韦维尔将军的部队肩负了过多的任务，却得到了过少的支持。韦维尔将军已竭尽全力，可他手下的作战部队力量太过薄弱，难以同时应对四五场战役所带来的大堆杂事。

随着希腊被德国占领，克里特岛便成了希腊国王和政府最后的据点，以及各兵种撤退时的主要收容站。我们确信，德国正虎视眈眈地盯着这座岛屿。于我方而言，该岛是埃及和马耳他岛极为关键的前哨据点。如今，虽然我们正面临失败，局面混乱不堪，但不管是国内或战地负责人，在据守克里特岛这个问题上，他们始终保持意见一致。韦维尔（4月16日）发来电报，"我认为应据守克里特岛。"第二天他又发来电报，"我们正准备撤出希腊，前去据守克里特岛。"

*　　*　　*

早在很久之前我们就知道，戈林一直在努力建设并发展一支能实施大规模着陆的强劲空降部队，而那帮热情而又忠诚的德国纳粹青年也正有此意。德国伞兵师个个精锐，我们曾在分析英国该如何抵御德军入侵时，研究过它的作战能力。然而，德军所有的类似计划至少需要暂时取得日间制空权。德国在不列颠的上空并不享有这种制空权，可在克里特岛却不一样。敌军在巴尔干和爱琴海享有充分持久的空中优势，如今，该优势就是他们的主要武器。

我方情报机构得到了开战以来最为可靠和详尽的情报。敌军占领雅典后，德国参谋人员被欣喜冲昏了头，已不像平时那般缜密；可我方驻希腊的谍报人员则相当活跃，积极展开行动。4 月的最后一周，根据可靠情报，我们得知了德军的下一步行动计划：德军将调动第十一空军军团，相关人员对此兴奋不已；德军在希腊港口疯狂搜集小型舰艇。这些消息都未能避开有心人的耳目。从这一切可以看出，德军即将从海、空两个方向向克里特岛发起攻击。我虽经历过不少战役，但从未像这次一样，如此尽心竭力地研究和权衡手头的证据，并确保总司令们已清楚敌人即将发动的袭击规模，并将此消息传达给战地的将军们。

4 月 28 日，针对敌军计划对克里特岛发动的攻击，我国驻伦敦联合情报委员会对攻击规模与特点进行了评估。他们认为，敌军马上就会同时发动空袭和海袭来进攻该岛；敌军在巴尔干各国通过各种方式可集中三百一十五架远程轰炸机、六十架双引擎战斗机、二百四十架俯冲轰炸机和二百七十架单引擎战斗机；敌军发动第一次袭击时，可能会投下三千至四千名伞兵，而且每天会从希腊发动两到三次突击，从罗得岛实施三至四次突袭，每次突袭都会派出战斗机进行掩护；敌方将在空降部队和海上部队抵达之前，发动猛烈轰炸，他们部署在海上的攻击部队和船舶很充足。

我们当即致电开罗司令部，告知上述情况。当天，我又亲自致电韦维尔将军强调了此事。

首相致韦维尔将军：

　　根据我们所得情报，德国很明显即将出动空降部队和轰炸机，向克里特岛发起猛烈进攻。请告诉我你方驻该岛的部队情况与你制订的计划。这是一次歼灭伞兵部队的良机。必须要牢牢守住该岛。

1941 年 4 月 28 日

　　韦维尔将军起初并未完全同意我们的观点，他认为敌方的进攻目标不是克里特岛，他觉得德国人可能只是在故意散播谣言，来掩盖他们真实的计划。尽管如此，他在部署工作时依然如往日处理军务那般精力充沛，行动敏捷，并亲自飞往该岛。他在复电中介绍了当时的情形。

韦维尔将军致首相及参谋长委员会：

　　1. 4 月 18 日，克里特岛收到警告，德军空降部队可能会发动进攻。该岛原有三个营步兵、两个重型高射炮中队、三个轻型高射炮中队和海防炮中队；除此之外，眼下还有从希腊撤出的三万名士兵。现在正对他们进行编排，以守卫该岛的重要地点，如苏达湾、干尼亚①、雷西姆农②和伊腊克林。据称，这些士兵士气高昂。他们的武器主要由步枪和少量轻机关枪组成。此外，还编制了几支希腊新兵部队，来保卫飞机场和看守战俘。

　　2. 5 月的前两周，海军基地机动保卫队将抵达克里特岛。

　　3. 我计划明日视察克里特岛，回来后将立即汇报。

　　4. 敌军计划进攻克里特岛，或许只是为了掩盖对叙利亚

---

① 干尼亚，希腊克里特岛西北岸港口，在干尼亚海湾的东端。

② 雷西姆农，希腊克里特岛北部城市，濒临爱琴海，是阿尔米罗湾的港口。

或塞浦路斯岛的进攻，而真正的计划可能连他们自己的军队也只能在最后一刻才知晓。这是德军一贯的伎俩。

1941 年 4 月 29 日

我曾向帝国总参谋长提出建议，让弗赖伯格将军担任克里特岛驻军司令；总参谋长将此建议告知韦维尔后，后者当即表示赞成。伯纳德·弗赖伯格与我已是多年的朋友。一战期间，他还是一名新西兰青年志愿兵，历经周折才来到英国。1914 年 9 月的一天，他拿着一封写给我的介绍信，前去海军部找我，请求委派职务。那时，我正在筹措整编皇家海军师，我很快就为他做了相关举荐。几天后，他成了"胡德"营的一名海军中尉。此处我无法将他立下的赫赫战功一一道来，正是由于这些战功，在前线作战的四年中，他升为旅长；1918 年的夏天，德军发动进攻，在那危急关头，他被任命为司令官，负责指挥所有据守在巴叶尔前方缺口的部队，其人数将近一个军团。从维多利亚十字勋章和带着两条金带子的战时优异服务勋章可以看出，他曾立下汗马功劳。

弗赖伯格和卡尔东·德·威亚尔（其唯一的匹敌者）一样，无愧于我所赠的"火蜥蜴"称号。他们二人均在战火中脱颖而出，虽伤痕累累，却丝毫未影响他们的肉体和精神。二十年代，我和伯纳德·弗赖伯格住在同一所乡村屋子里。有一天，我让他给我看一下身上的伤口。他脱掉衣服后，我数出了二十七道疤痕和深长的伤口。除此之外，他在二战中又添了三道伤痕。然而，正如他自己所说，"每次被子弹或弹片击中时，几乎都会留下两处疤痕，因为子弹穿进去又从体内穿出来。"这场新战争爆发时，新西兰师长一职非他莫属，且他自己也殷切期盼能担任此职。1940 年 9 月，我曾想过给他安排一个权力更大的职位，不过只是随便想想而已。如今，他终于当上了统领上下的司令官。弗赖伯格能力出众，无论被派往何地，无论上级派给他任何军队，他始终都带着一颗万夫莫敌的心为英王和英国作战，而他周围的人也受其不屈不挠的坚毅精神所感染。

我们会在国内竭尽所能地为处于困境中的各司令官和军队提供帮助。

首相致坎宁安海军上将：

1. 我们正想尽一切办法，派出空军向你方提供增援。大家决定尽快再次实施前不久（空军增援）的行动，但规模远超上次。"皇家方舟"号、"阿尔戈斯"号、"狂暴"号和"胜利"号将被用来运输多达一百四十架新增的"旋风"式战斗机和十八架"海燕"式战斗机，飞行员也将一同前往。我们希望，六十四架"旋风"式和九架"海燕"式战斗机能在5月25日前抵达中东。与此同时，二十五名战斗机飞行员将于5月23日前往塔科拉迪，加快运输"旋风"式和"战斧"式战斗机。通过使用上述航空母舰，航行路线可经由塔科拉迪抵达埃及，以此来增强运输"战斧"式和"旋风"式战斗机的能力。同时，我们也将尽最大可能把"伯伦翰"式轰炸机装船。关于派轰炸机实施增援的事宜，我日后再与你细说。

2. 我还得向你表示祝贺，海军再次出色地成功解救了陆军，救出了全军五分之四的战士。

3. 眼看克里特岛马上就将遭到敌军大规模的攻击，而马耳他岛作为小型舰队的基地，主要负责袭扰敌军通往利比亚的交通线。因此，现在该是我们为保卫这两个岛艰苦奋斗的时候了。美国及其在海军合作方面的态度不断改善，足以说明我们冒此风险是值得的。你制订的"老虎"计划极其周密，成功的希望很大。

4. 然而，我们尤其希望你能切断从昔兰尼加各港口运入军需品的空中补给线，并将这些港口竭力击毁。每当得知敌军一船接一船地将珍贵的航空汽油运达目的地时，我们便焦虑难安。正如韦林顿公爵所言，在这场保卫埃及的大战中，

双方"势均力敌"。但是，如果我们能根据行动计划，通过"老虎"和"美洲虎"计划（派出空军增援）支援你和韦维尔，且你方能切断敌军的供应，那么我方不久便能在中东大军中再展雄风。愿一切顺利。

1941 年 5 月 1 日

＊　　＊　　＊

弗赖伯格和韦维尔并未抱幻想。

弗赖伯格将军致韦维尔将军：

　　我手头上的军队根本无法抵挡敌方即将发动的进攻。除非大力增加战斗机，并派出海军应对海上袭击，否则我无法指望仅靠地面部队便能守住阵地。如今，受希腊战役结果的影响，这支地面部队已无一门大炮，也没有多少挖壕工具，运输车辆少，装备和弹药的战时储备也不充足。这里的部队有能力也愿意投入战斗，但如果得不到海军和空军的全力支持，要想击退进犯的敌军是没有希望的。如果因其他原因无法立即调遣以上军队，请务必重新考虑据守克里特岛一事。在我看来，根据委任状，我有责任将该师大部分军队的目前状况告知新西兰政府。

1941 年 5 月 1 日

他又通知他的本国政府：

　　我自认为有责任汇报一下克里特岛的军事状况。根据伦敦方面的决定，我们要不计任何代价守住克里特岛。我已得知陆军部对敌军进攻规模的估计。依我看，只有得到了海军和空军的全力支持，该岛才能守得住。目前尚未有迹象表明，

所派海军足以抵御海上入侵，而岛上空军只有六架"旋风"式战斗机和十七架旧式飞机。军队有能力也有意愿进行战斗，但受希腊战役结果的影响，部队已无一门大炮，没有多少挖壕工具，运输车辆少，而且装备和弹药的战时储备也不够。我向政府着重指明，新西兰师的大部分军队所处局势严峻，建议向伦敦最高当局施压，令其要么为我们提供充足的人力和物力保卫该岛，要么重新考虑誓死据守该岛一事。当然，我已致电中东总司令，表明了我对此事的看法。

1941 年 5 月 1 日

韦维尔将军致帝国总参谋长：

1. 由于敌军占有空中优势，因此据守克里特岛将给我方海陆空三军带来难题。港口和飞机场位于该岛北部，因此很容易暴露我方飞机和船舶的行动。岛上唯一一条状况良好的公路（也没有多好）沿北海岸自东向西延伸，同样没有受到任何掩护。

2. 南北方向没有一条公路适合通行，南岸没有港口。不过如果时间允许，可以慢慢兴建一些。岛上的交通工具极度匮乏。

3. 须运入大量平民用粮。如果各城镇遭到狂轰滥炸，且得不到我方战斗机的保护，我们便有可能遭遇政治难题。

4. 至少需要三个旅和大批高射炮部队才能有效驻守该岛。目前的守军包括三个英国正规营、六个新西兰营、一个澳大利亚营以及两支由希腊撤出部队组编而成的混合营。希腊这两个营的人数和装备都有所欠缺，而且没有一门大炮。高射炮的防御规模有限，但正得到支援。

5. 空军方面，岛上目前没有新式飞机。

6. 希腊军队目前大多未曾受过训练，也没有武装设备。

7. 我们正在处理这些困难，只要时间充裕，均可克服；

但空防难题将始终难以得到解决。

1941 年 5 月 2 日

毫无疑问，新西兰政府十分担心他们那个师。我向新西兰政府及其总理弗雷泽先生解释了目前的境况，弗雷泽先生正在来英国的途中，刚抵达开罗。

首相致新西兰总理：

1. 我格外高兴地看到，新西兰师在希腊打完一场英勇的战役后，能在紧急撤退时井然有序地抵达了克里特岛。我们自然将竭尽全力为他们重新提供装备，尤其是正在运输途中的大炮（韦维尔将军的大炮实力雄厚）。保卫埃及的核心要素之一便是成功守住克里特岛。让我不胜欣慰的是，韦维尔将军已接受我的建议，任命弗赖伯格为全岛守军司令。请您放心，我们将不惜一切代价为他提供支持。

2. 根据我们所得情报，敌人很快就会派出空降部队袭击克里特岛，或者尝试从海上发起进攻。我方海军势必会竭尽全力抵御敌人的海上进攻，因此无论敌军袭击规模多大，都不大可能有胜算。如果敌军派出空降部队发动袭击，就正合新西兰军之意。因为新西兰军将与敌军展开肉搏，在此情况下，敌军主要依赖的坦克与大炮便无用武之地。如果敌军成功登陆克里特岛，那么他们将逐渐陷入窘境，一切才刚刚开始。岛上重峦叠嶂，树木茂密，你们的战斗力将得到充分发挥。比起敌人，我们更容易为该岛提供增援，何况岛上已有三万余人。

3. 然而，敌军可能只是假装将矛头指向克里特岛，实际则要进攻东部。空军数量有限且身负重任，我们在派遣时必须将一切意外事件考虑在内。为何空军数量有限并身负重任呢？这并不是因为我们没有在此地增加人力物力和储备，也

不是因为不曾尽力派空军前去增援中东；而是因为如果仅靠手头上的航线和方式，实际很难将飞机和飞行员送往战场。不过，请您放心，我们会竭尽全力增援空军，此刻我们所付出的努力虽然危险万分，但影响深远。中东各方竞相需要空军支援，各位总司令应负责着手处理此事。我始终相信，大约一个月后，中东局势将有所改善。

4. 新西兰师撤退时，整个国家尽管焦急难安，却还是极力克制，表现得体而冷静，令我们每个人都钦佩不已。该师在希腊重创敌军，使我们得以履行对希腊的诺言，成功结束战斗。这对帝国而言，无疑是莫大的慰藉。

1941 年 5 月 3 日

弗赖伯格不屈不挠。他并没有立刻就相信，敌方会出动如此巨大规模的空降部队，他所担心的是敌军会从海上大举发动有组织的进攻。尽管我们空军力量薄弱，但希望海军能阻止敌军的海上进攻。

弗赖伯格将军致首相：

我的字典里没有"害怕"二字。敌军空降部队的进攻根本不足为惧，我已做好部署，相信手下的部队能够充分应对此次进攻。但如果敌军的海运部队与空降部队联合作战，那就另当别论了。如果在大炮和运输工具抵达之前，敌军就发动联合进攻，局势将对我们十分不利。即便如此，只要海军能够提供帮助，我相信一切都可以顺利解决。

只要我们获得了装备和运输工具，并增加几架战斗机，克里特岛则有望守住。在此期间，我们的防御力量相当薄弱。

每个战士精神焕发，迫不及待准备与敌军继续战斗。在希腊时，我们每与敌军狭路相逢，必迎头痛击。

英国广播公司及各方报纸没有完整提及新西兰官兵在希腊后卫战中做出的英勇贡献，这让新西兰举国上下忿忿不平，

这种心情也在情理之中。

1941 年 5 月 5 日

我当即竭尽所能地去安抚新西兰人民的不平之情。

首相致韦维尔将军：

若您无异议，请将以下电文转告给弗赖伯格将军：

新西兰师在名垂后世的希腊战役中立下了丰功伟绩，不列颠举国上下对此满怀感激和钦佩之情。但对于战役的全部情况，我们只能逐步了解，而且目前尚在了解中。战地报道越多，我们才能更加了解你们在执行这项光荣任务时所发挥的重要作用，才能更加了解你们立下的战绩是多么的重要。在整个帝国和英语世界里，只要一提到新西兰，人们便肃然起敬。如今，我们的心与你们同在。愿上帝保佑你们。

1941 年 5 月 7 日

＊　　＊　　＊

克里特岛的地形确实给防御工作带来很大困难。岛上唯一一条公路沿北岸而建，该岛所有易受攻击的据点都分布在这条公路沿线上。每个据点都只能依靠自身力量进行防御。一旦敌人切断这条公路，并派重兵把守，我们就无法随时将中央后备军调往遇袭的据点。贯穿南北两岸，只有一些小路连接斯法基亚和廷巴基两地，而这些小路不适宜摩托化运输车辆行驶。相关决策者等到危机临头时才想方设法向该岛运送增援部队，补给武器尤其是大炮，可一切都为时已晚。5 月的第二周，德国空军从希腊和爱琴海的基地起飞，对克里特岛实行实质性的日间封锁，向往返该岛的所有船只发动袭击，并对唯一设有港口的北岸封锁得尤为彻底。5 月的前三周，两万七千吨的重要武器被运往克里特岛，运达数量不到三千吨，其余物资不得不转运回程，途中损失了三千多吨。我方防空实力只有十六门重型高射炮（三点七英寸口径的可移动高射炮）、三十六门轻型高射炮（"博福斯"式）和二十四架防空探照灯；各飞机场上仅有九辆半旧步兵坦克，以及十六辆轻型坦克。5月9日，海军基地机动保卫队的部分队伍抵达该岛，其中包括一个重型高射炮队和一个轻型高射炮队。该保卫队抵达后随即被派往苏达湾以加强防御力量。该保卫队中，共有两千人抵达克里特岛，滞留在埃及的人数却达三千多，这三千人明明当时可以一同前往该岛。岛上还有六千名意大利战俘，额外增加了防卫负担。

守卫部队主要负责保卫登陆地。伊腊克林有两个英国营和三个希腊营；雷西姆农周围有澳大利亚第十九旅和六个希腊营；苏达湾附近有两个澳大利亚营和两个希腊营；马利姆有两支军队，飞机场附近驻扎了一个新西兰旅，东面驻扎了另一个旅，以备不时之需。除了以上守军，还有几支来福枪队，是从希腊撤出的战士中临时组编的。希腊营人员不足，所配武器只有杂牌的来福枪，弹药也没有多少。帝国军队中，共计约两万八千六百人加入了守卫克里特岛的行动。

然而，毫无疑问，若不是我方在克里特岛的空军力量较为薄弱，德国便无法发动进攻。5月初，皇家空军在该岛拥有十二架"伯伦翰"式轰炸机、六架"旋风"式战斗机、十二架"斗士"式战斗机，以及海军航空队的六架"海燕"式和"布鲁斯特"式战斗机，但这些飞机中只有一半能派上用场，分别被分配在雷西姆农小型机场、马利姆飞机场以及伊腊克林飞机场，其中马利姆飞机场只供战斗机使用，伊腊克林飞机场可容纳各式飞机。比起德军即将投入该岛的压倒性空军力量，上述这些根本不值一提。我方相关方面已完全察觉到自身的空军劣势，故在5月19日，也就是德军发动进攻的前一天，下令将留在该岛的所有飞机都撤往埃及。正如战时内阁、三军参谋长和中东战区各总司令所知，目前只有一个选择：要么在如此不利的情形下作战，要么尽快撤出该岛。若在5月初就决定撤出，一切应该都来得及。然而，大家一致同意迎战。我们事后了解到，尽管我们各方面力量不足，可我们已接近胜利；尽管我们失败了，可这次战役却产生了极为深远的积极影响。每思及此，我们应当对所冒的风险以及所付出的代价感到心满意足了。

*   *   *

我们现在该谈一下德军的进攻计划了，我们是在克里特岛战役爆发之后才对此有所了解。该计划由第十一空军军团实施，该军团包括第七空军师和第五山地师，第六山地师负责接应。约一万六千人将从空中降落，其中大部分是伞兵，另有七千人则从海上登陆。除此之外，第八空军军团负责空中支援。可投入作战的飞机数量为两百八十架轰炸机；一百五十架俯冲轰炸机；一百八十架战斗机（"梅塞施密特109"式和"梅塞施密特110"式）；四十架侦察机；一百架滑翔机；五百三十架"容克52"式运输机，共计一千两百八十架。

希腊轻帆船将被编成两支运输船队，负责运送海运部队以及一些军需用品。德军只派出空军掩护这批运输船队。不久我们就会知道它们的命运如何。

敌军计划在三个区域内进行空袭：东部伊腊克林，中部雷西姆农、苏达、干尼亚，最重要的自然是西部马利姆。总体而言，敌军在发动进攻前所做的准备工作是：用重达一千磅的炸弹集中对地面及防空守卫轰炸一小时；主力部队紧随其后，乘滑翔机或降落伞从空中着陆；接着，增援部队乘坐运输机前来增援。在他们的整体作战战略里，重中之重是夺取马利姆飞机场。敌军若仅在马利姆飞机场数英里之外的乡间空投伞兵，则无法保证运输机成功着陆，投放第六山地师（每架飞机可载四五十人），然后再次启程返回继续运载。德军必须顺利占领该飞机场，才能保证飞机着陆与再次起飞。他们只有通过多次往返飞行，才能将大量军队运达战场，这些军队是整个计划的中流砥柱。

*   *   *

我们以"科罗拉多"作为克里特岛的暗号，并根据我们的设想，用"火炉"来形容德军的猛攻。

寝食难安的日子飞逝而过。只有忙于其他事情时，我们才不会那么焦虑。距离德军进攻的日子越来越近。

首相致韦维尔将军：

请您考虑一下，是否需要再派十二辆步兵坦克以及技术人员前去协助对抗"火炉"。　　　　　　　　　1941年5月12日

首相致韦维尔将军：

根据我收到的各项情报，敌人将于17日后的某天开始实施"火炉"作战计划。敌军的每次行动似乎都是基于该计划而苦心经营。希望您已为"科罗拉多"积蓄了充分的作战力量，必要的大炮、机关枪和装甲车也已落实至驻守军队。由于此次实施的计划庞大且复杂，敌军很可能会延期行动。因此，如果此时派出增援部队，完全可以及时抵达目的地。一旦敌军取得立足点，增援部队必然会投入第二回合作战。由于敌军在该岛无法照常发挥机械化优势，并且我们的确比敌军更容易获得增援，因此我特别希望精锐部队能够有机会和敌军肉搏。据我估计，您已和坎宁安海军上将研究过各项细节，同特德分析完了其他任务，并商定了最切实可行的空军作战计划。愿您一切顺利。

1941年5月14日

首相致韦维尔将军：

我越发强烈地意识到，敌军即将派出进攻"科罗拉多"的兵力将十分雄厚，尤其是空降部队的战斗力更是强劲。我相信，所有可以派出的增援部队均已运往该岛。

1941年5月15日

即使在这种时候，韦维尔还是不失幽默感。

韦维尔将军致首相：

1. 我已竭力为"科罗拉多"上的部队提供装备，以防"甲虫肆虐"（指德军猛攻）。最近派出的增援力量包括六辆步兵坦克、十六辆轻型坦克、十八门高射炮、十七门野战炮和一个营。我正准备派遣一支小股部队作为后备队，在"科罗拉多"南岸登陆。这支部队大概由一到两个营和一些坦克组成。我打算将波兰旅留下，可能会派往增援该岛。但增援部队在登陆时将面临重重困难。

2. 5 月 12 日，坎宁安、特德和我针对"科罗拉多"进行了讨论，紧接着便召开了三军参谋会议。我们尽可能商定出了一致的计划。

3. 保卫"科罗拉多"实属不易，德国的闪电战通常会阻挠对手进行增援。然而，我们的司令官坚定果敢，所率部队意志坚强，个个正摩拳擦掌，严阵以待。我希望德军能意识到，他们的"火炉"作战计划已点燃我们的激情。

1941 年 5 月 15 日

韦维尔将军致首相：

我刚收到了弗赖伯格的电报，内容如下：

"克里特岛防御计划已完成部署，我刚视察完防御的最后一站。此次视察使我倍受鼓舞。各处战士均已到位，士气高昂。防御工事也已扩充完毕，阵地上拉了尽可能多的铁丝网。我们手头有四十五门野战炮，弹药也储备充足。每个飞机场都配有两辆步兵坦克。运输车辆尚在卸载，分拨给各部队。第二批'莱斯特'式坦克已抵达目的地，以便加强伊腊克林的防卫工作。我不想表现得过分自信，可在我看来，这一次至少能让我们大显身手。我相信，有了皇家海军的帮助，一

定能守住克里特岛。"

1941 年 5 月 16 日

首相致地中海战区总司令：

　　如果我们能成功抵御敌方的"火炉"行动，整个世界局势都将受到影响。这场战斗值得纪念，并具有决定性意义，足以影响至各战场，愿上帝保佑你们。

1941 年 5 月 18 日

首相致弗赖伯格将军：

　　得知你已做好牢固部署，增援部队也已抵达，我们非常高兴。在这些命运攸关的日子里，我们每时每刻都记挂着你们。我们确信，你和你所率领的英勇将士定能创下不朽的功勋。皇家海军定将竭尽全力。若你们能取得据守胜利，必将极大影响世界格局。

1941 年 5 月 18 日

借此机会，我将自己的大致观点告诉了始终与我保持联系的史末资。

首相致史末资将军：

　　1. 我一如既往地大力支持你的军事见解。最近，我采取行动向韦维尔最薄弱的环节提供增援，希望今后几周内，面对敌军在西部沙漠发起的强大攻势，我们能取得成功。据我们估计，敌军已万事俱备，很快就会大举进攻克里特岛。如果我们在这两个地方能得利，叙利亚和伊拉克问题便迎刃而解了。我们正想尽一切办法，对中东提供强大的空中增援。我满怀希望地相信，今年夏天我们能够打赢地中海东部这场战役，并能守住尼罗河流域和苏伊士运河。罗斯福总统正积极地往苏伊士运送美方的供应品。我们非常欢迎南非军队前

往地中海沿岸。

2. 地中海西部的局势更加令人担忧，然而迄今为止，西班牙还是顶住了德国的压力。我们会适时让达尔朗知道，如果维希的飞机轰炸直布罗陀，我们便不会轰炸法国，而会将炮火对准维希那帮卑鄙小人，无论他们躲到哪儿我们都不会善罢甘休。我们也曾想到，我们或许无法使用直布罗陀港，因此已做了尽可能周密的准备。美国或许愿意进一步参与西非事务，尤其是达喀尔事务。

3. 最终，大西洋战役顺利展开。希特勒本想在 5 月份实施彻底封锁，却未能如愿。相反，我们的运输船队在过去六周内，取得了近几个月来最为出色的战果。美国必然会对我们的大西洋战场提供越来越多的援助，并且我个人觉得，年终之前，我们在各重要层面都将增强自身地位。美国方面正提供大量供应品，以弥补 1940 年时船舶的损失。在我看来，他们离做出伟大决定的那一刻越来越近。然而，我们最好也别抱太大的希望。

4. 希特勒似乎正一心一意对付苏联。沿着巴尔干以北以及法国和德国以东，部队、装甲车和飞机正不停地在行动。依我看，希特勒最大的胜算便是进攻乌克兰和高加索，确保谷物和汽油照常供应。如果他这么做，没有人能够阻止，但随着时间的流逝，我们希望能彻底摧毁他身后的国家。我确信，上帝一定会帮助我们打败纳粹政权。

5. 国王告诉我，5 月 24 日，他将致专函给你，祝贺你的寿辰。因此，现在我向你致以衷心的祝贺。

1941 年 5 月 16 日

就这样，克里特岛战役一触即发。

第四章

FOUR

克里特岛：战役始末

德军开始进攻——据守雷西姆农和伊腊克林——海军加入战斗——击毁德国运兵船队——弗赖伯格将军报告称战局危急——成功的希望破灭——我们决定撤退——艰苦而压抑的任务——在伊腊克林营救守军时发生惨剧——坎宁安海军上将决定继续进行撤退工作——德军对岛上居民施以暴行——取得胜利却得不偿失

    战时的诸多方面表明，克里特岛一战是一场空前绝后、前所未有的战斗。在战争史中，第一次发动如此大规模的空降部队进行进攻。从德军空军军团身上可看到希特勒青年运动[①]的热情，以及他们奋力为1918年战败复仇所展现的条顿精神[②]。这些纳粹伞兵部队的士兵个个勇敢且忠诚，并接受过高强度训练，德国男儿的气概在他们身上一览无遗。他们誓死要为德国增光添彩，取得世界霸权。他们注定会遇到满怀自豪的对手，其中许多都是从世界的另一端千里迢迢而来。他们作为义勇军，为祖国浴血奋战，为他们所坚信的正义与自由的事业而战。本章所叙述的便是双方狭路相逢、决一死战的经过。

    德军将其所能调动的所有兵力都投入了这场战役，这是戈林在空军方面所取得的伟大成就。在1940年，如果英国失去了对本国的制空权，德军就会派出这支部队空袭英伦三岛，可他们并未得逞。这支部队本来还可派去袭击马耳他岛，可我们又躲过了一劫。德军空军部队已蓄势了七个多月来发动攻击，以展示其锋芒。如今，戈林终于发出

---

    ① 希特勒青年运动，于19世纪末20世纪初以候鸟运动的形式在德国兴起，并迅速发展为一场全国性的青年运动。

    ② 德国精神。

号令，他们等待这一刻已经很久了。交战初期，我们并不清楚德国伞部队的总规模有多大。第十一空军军团也许只是这六个空军军团中的一个。几个月之后，我们才确定，原来这支部队是唯一的一个军团。事实上，这支部队就如德军长矛的锋尖。到底这个军团是如何旗开得胜，又是如何分崩离析的，且看下文。

*　　*　　*

　　5月20日清晨，战斗打响了。在德军有史以来的进攻中，没有哪一次像这般不顾后果、赶尽杀绝。他们将主要目标对准了马利姆机场。敌机在一个小时内，向机场周围的据点发动了空前猛烈的轰炸，并用机枪扫射。我军大部分高射炮几乎瞬间便被消灭。轰炸还未结束，滑翔机便在马利姆机场西部开始着陆。上午八点，在马利姆和干尼亚中间地区的三百至六百英尺上空，敌军的大批伞兵从天而降。中间不断有敌机往返，上午投下一个团，下午又投下一个团，共四个营的兵力。在此过程中，德军根本不管人员伤亡情况，也不顾飞机的损失程度。伞兵着陆后，在机场及其附近遇到新西兰第五旅的一个营，遭到该营的顽强抵抗，该旅的其余部队则在东面负责接应。无论我军在何地，一旦被敌军发现，便会遭到猛烈轰炸，敌军所用的大量炸弹重达五百甚至一千磅。我军无法在白天进行反攻，派出两辆步兵坦克发动反攻，终究还是失败了。在海滩、丛林或漫天大火的飞机场，敌人的滑翔机和运输机要么登陆，要么撞毁了。第一天，共有五千余名德国伞兵在马利姆和干尼亚中间及附近地区着陆。他们冒着新西兰军队的炮火进行殊死肉搏，损失惨重。几乎所有在我军防区内进行登陆的德国伞兵均已阵亡，其中大多数都是被击毙的。当天夜幕降临前，飞机场仍归我们所有。可到了晚上，该营士兵所剩无几，都撤往了支援部队防地。派去增援的两个连队已没有时间发动反攻来保卫机场了。但机场依然在我军炮火的控制之下。
　　那天早晨，敌军向雷西姆农和伊腊克林发起狂轰滥炸，下午分别

向两地投下了两个营和四个营的伞兵。双方随即展开了鏖战。然而到了黄昏时分，我们仍然坚守着两地的机场。依然有小股空降部队在雷西姆农和伊腊克林着陆。战火纷飞，德军伤亡惨重。因此，除了马利姆，我军在第一日取得的战果令人相当满意；然而此时，全副武装的德军在各个地区已可自由出入。英国司令部远远没有料到敌军进攻的威力如此之强，敌军也对我军的奋力抵抗感到吃惊不已。

我们所获报告的内容如下：

弗赖伯格将军致韦维尔将军：

今日，我军焦头烂额地苦战了一天。我相信，目前为止，我军仍据守着雷西姆农、伊腊克林与马利姆的机场和两座港口。若要守住这些地方，希望并不大，我无法乐观地叙述这些情况。战斗激烈，我们歼灭了大批德军。通讯极为不便。敌军对干尼亚发动了猛烈的空袭。战场的每个人都明白，此战生死攸关，我们将血战到底。

1941 年 5 月 20 日晚上十时

第二天，敌军继续发动进攻，再次出动运输机。虽然我军仍然控制着马利姆飞机场，陆续部署了大炮和迫击炮，但是敌军的运兵飞机却依然能在机场及其东面凹凸不平的地面登陆。德国最高统帅似乎根本不在乎损失多少，至少有一百架飞机在该区域坠毁。尽管如此，仍有源源不断的飞机前来此地。当晚，我军发动的反攻已打到机场边缘，然而天一亮，德国空军再次出动，我军攻下的地段失守。

第三天，敌军已经充分利用起马利姆机场。每小时陆续飞来的飞机不下二十余架。更关键的是，敌机此时已能返回继续运载援军了。据估计，未来几天内，共有六百多架运兵飞机将在该机场成功着陆，其中部分飞机会在途中坠毁。随着敌军部队越来越多，我们所承受的压力也越来越大。基于这种情形，我们终究只得放弃大规模反攻。新西兰第五旅逐渐撤退至马利姆约十英里之外的地方。我们在干尼亚和

苏达湾地区的情况没有什么变化，依然牢牢掌控着雷西姆农。在伊腊克林，敌军正在飞机场东面着陆，并开始在那里建立并逐步扩大一个据点。5 月 20 日，敌军发动第一轮攻击后，德军最高统帅部下令，停止攻击雷西姆农和伊腊克林，集中主要兵力攻打苏达湾地区。

* * *

据航空侦察报告，希腊轻帆船出现在了爱琴海上。20 日，坎宁安海军上将派了一支轻型舰队开往克里特岛西北部。该舰队由金海军少将所率的"水上女神"号和"珀斯"号巡洋舰以及"坎大哈"号、"努比亚"号、"金斯顿"号和"朱诺"号驱逐舰组成。

在八艘驱逐舰的掩护下，海军少将罗林斯所率的舰队由"厌战"号和"英勇"号战舰组成，威力巨大。该舰队驻守于克里特岛西部，以便密切监视意大利舰队，我们预料到这支舰队会参战。21 日，我军舰只遭到一整天的猛烈空袭。"朱诺"号驱逐舰被击中两分钟后沉入海底，伤亡惨重。"阿贾克斯"号和"猎户座"号巡洋舰也遭到了损坏，但仍坚持作战。

当晚，我军部队疲惫不堪，看到北面天际通明，火光满天，便知道皇家海军尚在作战。德军第一批海路进攻部队的运输船队抱着誓死的决心，开始执行任务。到了下午，根据报告，小型船只已成批驶近克里特岛，坎宁安海军上将便命其轻型舰队驶向爱琴海，防止德军趁着天黑登陆。半夜十一点半，海军少将格伦尼率领"代多"号、"猎户座"号和"阿贾克斯"号巡洋舰以及四艘驱逐舰，在干尼亚以北十八英里处拦截了德军运兵船队，该船队主要由轻帆船组成，鱼雷艇在侧护航。英国舰只对其猎物展开了长达两个半小时的追逐，击沉了德军不少于十二艘轻帆船和三艘轮船，这些船上满载着德国军队。据估计，当晚约有四千名德军溺亡。

*   *   *

与此同时，21 日，金海军少将率领"水上女神"号、"珀斯"号、"加尔各答"号和"卡莱尔"号巡洋舰和三艘驱逐舰，整晚都在伊腊克林附近的海面巡逻。22 日黎明时分，这支舰队开始迅速向北驶去。有一艘运载军队的轻帆船被击毁。十点时，该舰队驶近米洛斯岛①。过了几分钟，北面出现了一艘敌军驱逐舰以及五艘小型船只，该舰队立刻开火。紧接着，只见另一艘驱逐舰放出烟幕，大批轻帆船隐藏于后。事实上，我们已截获另一支重要运送船队，上面满载着士兵。我军的空中侦察队已向坎宁安海军上将报告此事。然而向金海军上将证实该消息时，已是一个多小时后。天快亮时，他所率舰只接连遭到空袭。到目前为止，虽无一艘舰只受创，可每艘舰只上的高射炮弹都已快告罄，由于"卡莱尔"号时速只有二十一英里，因此舰队便开始减速。金海军少将丝毫没有意识到战利品已触手可及，他认为如果再深入北部海域，恐怕整支舰队都将岌岌可危。于是他便下令向西撤退。当总司令收到信号时立刻发出命令，内容如下：

> 战斗到底。始终将信号保持在视线范围内。切不可让驻守在克里特岛上的陆军失望。务必阻止敌军的海运部队登陆克里特岛。

由于这支运兵船队已折回，并向众岛屿分头散去，因此眼下若要消灭这支船队，为时已晚。这样一来，至少五千名德国士兵不用重蹈上一批的覆辙。德军当局向这些实际上毫无防御力量的运兵船队发出命令，让其横渡海峡，德军对这片海峡既无制海权也无制空权。这次行动有欠考虑，据此可以看出，1940 年 9 月间，北海和英吉利海峡上

---

① 米洛斯岛是希腊基克拉迪群岛最西的岛屿。——译者注

的大规模行动将会发生什么。由此也可发现，德军并不清楚海军在抵御入侵部队时所具备的威力，而这种无知可能会让他们付出生命的代价。

* * *

虽然金海军少将已下令撤退，却仍未使其所率分舰队免受空袭。若他击毁了那支运兵船，所受损失也与之相差无几。他的舰只在接下来的三个半小时中不断遭到轰炸，"水上女神"号和"卡莱尔"号舰遭到破坏，"卡莱尔"号的舰长汉普顿海军上校遇难。此时，罗林斯海军少将正穿过基西拉海峡，从西面赶往接应。其所率舰队由"厌战"号与"英勇"号战列舰、"格罗斯特"号与"斐济"号巡洋舰以及七艘驱逐舰组成。下午一点十分，两支舰队会合。"厌战"号刚到达，瞬间便被一颗炸弹击中，右舷的四英寸和六英寸口径大炮被炸毁，只能低速前进。此时，敌机已逃走，这两支英国分舰队合二为一向西南方撤去。坎宁安海军上将坚定果决，无论付出多大代价，也要歼灭海上来的入侵者，此举的确已破釜沉舟。显而易见的是，在这几场战斗中，坎宁安海军上将为了达到这一目的，不仅毫不犹豫地冒险投入最珍贵的舰只，还不惜押上了地中海东部的制海权。他在本次战斗中的表现让海军部称赞不已。在这场殊死搏斗中，不仅仅只有德军指挥部投下最大赌注。历经四十八小时的海战后，敌军已经输得心服口服。克里特岛的命运已成定局后，他们方才再次试图派出海运部队进行登陆。

* * *

5月22日和23日，我方海军损失惨重。罗林斯海军少将所率分舰队中的"猎犬"号驱逐舰被炸，沉入海底。眼下舰队已联合在一块，指挥官金海军少将命令另两艘驱逐舰前往营救幸存者，并令"格罗斯

特"号与"斐济"号巡洋舰为其护航，以抵御敌军不断发动的愈加猛烈的空袭。如此一来，舰队不仅耽搁了行动，遭受空袭的时间也大大延长。22 日下午两点五十七分，金海军少将收到消息，那两艘巡洋舰的高射炮弹即将耗尽，他便嘱咐伺机撤兵。下午三点三十分，据报，"格罗斯特"号与"斐济"号冒着敌军猛烈的空袭，正从船尾高速驶近舰队。二十分钟后，"格罗斯特"号连中数枚炸弹后燃起熊熊烈火，上层甲板上尸横满地，舰只停止前进。"斐济"号无计可施，只能离开。由于与舰队失去联系，燃料也逐渐耗尽，该巡洋舰便和两艘驱逐舰一起，直接向亚历山大港驶去。途中，该舰遭到了敌军轰炸机方队约二十次袭击，所有重型高射炮炮弹都已告罄。三小时后，敌军的一架"梅塞施密特 109"式战斗机穿过云层，不知不觉接近该舰并将其击中。由于遭到猛烈轰炸，这艘舰严重倾斜，但仍以十七海里的时速航行。当敌军发动又一轮空袭时，该舰被三颗炸弹击中要害，停止了航行。晚上八点十五分，该舰倾覆后沉入海底。舰上总共有七百八十名乘员，其中五百二十三名被随同护航的两艘驱逐舰救回，天黑后回到基地。

*　　　*　　　*

与此同时，位于西部二十英里处的舰队不断遭到敌军空袭，在此过程中，"英勇"号被击中，所幸并无大碍。下午四点，海军上校路易斯·蒙巴顿勋爵从马耳他岛乘着"凯利"号驱逐舰而来，加入海战，同行的还有其他四艘最新式驱逐舰。前不久，我们刚派蒙巴顿勋爵的这支小舰队前往地中海中部实施增援。天黑后，他的驱逐舰奉命返回，前去搜救"格罗斯特"号和"斐济"号两舰的幸存者。然而，由于总司令命令蒙巴顿趁着天黑，前往巡视克里特岛北岸的附近海域，这项仁善的工作只能搁浅。这又是一个正确却令人痛苦的决定。22 日夜间，蒙巴顿的驱逐舰在干尼亚附近海面巡逻了一整晚，而麦克海军上校则率领三艘驱逐舰，乘着"迦佛斯湾"号搜寻通往伊腊克林的航道。一艘满载着军队的轻帆船被"凯利"号歼灭，另一艘则燃起熊熊大火。直到破晓时，驱逐舰才向南撤退。

晚间时分，坎宁安海军上将了解了一下总体形势以及"格罗斯特"号和"斐济"号的受损状况。由于亚历山大港信号发布处抄录数据有误，他误以为不仅巡洋舰，就连战列舰上的高射炮炮弹也即将用完。鉴于这种情况，上午四点，他命令所有舰队向东撤退。事实上，战列舰上的弹药十分充足。坎宁安之后曾说，如果当时知道真实情况如此，绝不会下令撤退。如果舰队留在原地，第二天早晨时我们便可能避开另一场灾祸。此刻必须谈一下这起事件。

23 日，天刚亮，"凯利"号和"克什米尔"号绕过克里特岛西部全速撤退。航行途中遭到两次猛烈空袭，所幸并无大碍。上午七点五十五分，被敌军的一支空军部队追上，该部队由二十四架俯冲轰炸机组成。转眼间两舰就被击沉，二百一十人丧生。庆幸的是，"基普林"号驱逐舰就在附近，尽管敌军的炮火从未停歇，该舰依旧从海中救出了二百七十九名官兵，路易斯·蒙巴顿勋爵也在其中，该舰自身则毫发无损。第二天早晨，"基普林"号在距离亚历山大港五十英里处耗尽燃料，舰上从头到尾都挤满了人，但顺利与前往营救的舰只相遇，并被拖入亚历山大港。

*　　*　　*

如此一来，我们的海军在 5 月 22 日和 23 日间的战斗损失情况如下：两艘巡洋舰、三艘驱逐舰被击沉，"厌战"号战列舰长期无法使用，"英勇"号及其他许多舰只遭受重创。尽管如此，克里特岛的海防依然部署得很严密。克里特岛战役结束前，海军不负众望，没有让一个德军从海上登陆该岛。

地中海总司令尚未知晓自己取得的成就竟然如此突出。他在 23 日的来电中说道：

最近四天的战斗是地中海舰队与德国空军之间的一次彻底的实力较量……恐怕我们不得不承认在沿海海域所遭到的失败，并接受事实：如果我们阻止德军海运部队进攻克里特岛，将损失惨重，得不偿失。尽管结局太过惨痛，可我们必须面对。正如我一直担心的那样，由于敌军手中的制空权非我军所能抗衡，并且战事海域有限，再加上地中海的气候不佳，因此敌我力量悬殊，我们只有伺机发动奇袭，且用兵时慎之又慎，方可获胜……

　　英王陛下的"可畏"号航空母舰可能已无法航行。情况如果是这样，还算侥幸，因为我怀疑这艘舰可能已经沉没了。

对此，海军立即做出回复：

　　若仅是地中海舰队与德国空军之间的较量，我们或许就只能接受你对舰队行动所提出的种种限制。然而除此之外，我们还必须为保卫克里特岛进行战斗。如果舰队能够阻止敌军从海上向该岛运送援军和供给，使我们驻守在克里特岛的陆军后来有时间成功应对敌方所有的空降部队，那陆军也许能击退海上袭击。因此，在接下来的一两天，不管舰队遭到多大损失，也务必阻止敌方海运部队抵达该岛，这一点尤为重要。对舰队在执行任务中所遭遇的重重困难，海军部各长官表示完全能感同身受。

当克里特岛战事发展至极为关键的时刻，我给罗斯福总统发了封电报：

　　由于我军在有效航程内没有飞机场，无法派遣空军协助防卫或掩护巡逻舰队，因此克里特岛战况不容乐观。今日，我军两艘巡洋舰和两艘驱逐舰被击沉。大批德国精英部队正

被我军剿灭，至少一支运兵船队被击沉。

1941 年 5 月 23 日

我又致电韦维尔：

必须在克里特岛之战中取得胜利。即使敌军占据有利据点，我们也必须在该岛一直奋战到底，借此将敌军主力部队牵制在这场战斗中。这样一来，你们便至少有时间去调遣"虎仔"① 部队，并掌控西部沙漠局势。继续作战的同时，还可保卫塞浦路斯岛。希望你每天晚上都能尽量向克里特岛提供增援。能否再运送些坦克以夺回被敌军占领的飞机场？敌军的精英部队已所剩无几，损失也必定十分惨重。他们再也无法继续作战。以下是我想告诉弗赖伯格将军的话："全世界都在关注着你这场扭转大局的辉煌战斗。"

1941 年 5 月 23 日

参谋长委员会对此毫无异议，并致电各总司令：

虽然我们在克里特岛困难重重，但据我军收到的所有情报来看，敌军的日子也不好过。如果我们奋战到底，敌军的力量便可能逐渐减弱。眼下，我们最迫切的任务是尽快向该岛派遣战斗力最强的援军，确保在已登陆的敌军获得有力增援前，将其歼灭。你深知这次战斗极为重要，因此无论风险多大，你都必须扛住，确保取得成功。

1941 年 5 月 24 日

坎宁安海军上将在回复海军部 23 日的电报时说：

---

① 指取道地中海运往中东的坦克。——译者注

地中海舰队总司令致海军部：

1. 请海军部各长官尽管放心，爱琴海之战的决定因素并非在于担心遭受损失，而是要避免遭受不利的损失，以防危及舰队。据我所知，敌军尚未从海路向克里特岛成功运送大批援军。如果敌军确实已运送了一部分，那么我认为援军不久后便会大大增加。

2. 毫无疑问，我们已积攒了丰富的经验来应对可能蒙受的损失。三天之内，已有两艘巡洋舰、四艘驱逐舰被击沉，一艘战列舰在数月内无法投入战斗，还有两艘巡洋舰、四艘驱逐舰遭受重创。我们如果再遭受一次这样的损失，就会失去对地中海东部的制海权。

3. 尽管敌军的运兵船只受损后被迫返航，但其空军力量目前依然十分完备，能够随意调遣飞机实施增援，并为登陆部队运送补给，因此敌人实际上并不一定需要从海路运送士兵和供应品。我方空军对此完全束手无策，我们驻守在克里特岛的部队时常能看到成批的"容克52"型飞机飞入，如入无人之境，这也是影响我方士气的因素之一。

4. 在我看来，海军部各长官应当明白，今日所实施的行动对作战人员的影响越来越大。我军轻型舰艇和机械力量即将告罄，官兵也很快精疲力竭。自2月底"光辉"作战计划（援助希腊计划）实施以来，这些人员和舰艇一直投入作战，从未停歇，他们已然接近崩溃。现在，他们的任务加倍，还要遭受敌军的集中空袭，与之相比，我相信挪威之战的空袭不过是儿戏。强制官兵过度工作并不可取。

5. 我所能做的已远超预想。每晚驱逐舰和巡洋舰都在克里特岛北岸扫荡，我们炮击马利姆，今早又袭击了斯卡潘托岛。一艘潜艇正盯着米洛斯岛……然而，我迫切请求过侦察机增援，可尚未到位。

6. 写完以上内容后，我得知英王陛下的"可畏"号和

"努比亚"号军舰被炸弹击中，正驶回港口。我尚不清楚具体情况。

1941 年 5 月 26 日

这位意志坚定的总司令面临着更为严峻的考验，事实证明，他比常人更经得起考验。

＊　　　＊　　　＊

然而到了 26 日深夜，韦维尔收到了弗赖伯格的消息，战况不容乐观。弗赖伯格说：

> 我虽感到万分遗憾，可必须向你报告，在我看来，由我指挥负责防守苏达湾的部队已到达承受极限。无论各总司令从军事角度做出什么决定，我们都已无法再坚守此阵地。像我们这样的部队，装备不良，无法随机应变，且势单力薄，根本无法再阻挡像过去七天里我们所遭遇的集中轰炸。我认为必须让你知道，从后勤方面来看，若要将这支部队全部撤出，会遇到极难克服的困难。只要立刻做决定，其中一部分军队或许还能登上船。一旦这一战区被攻陷，敌人早晚会以同样的方式攻下雷西姆农和伊腊克林。除了威尔士军团和突击队，我们所有的军队都已无法再发动进攻。考虑到整个中东局势，如果你认为争取时间能有所帮助，我们会继续坚守下去。我必须得考虑争取时间的最佳方式。苏达湾在二十四小时内可能会处于敌军的炮火之下。我们已再次遭受重大伤亡，固定大炮多半都已失去战斗力。

我给弗赖伯格发去电报：

各地人民对你所领导的光荣保卫战表示钦佩不已。我们知道，敌人已陷入困境。我们会尽一切努力为你提供援助。

1941 年 5 月 27 日

首相致中东总司令：

在战争的转折时刻，取得克里特岛的胜利极为关键。希望你们能继续尽一切可能进行援助。

1941 年 5 月 27 日

然而到了晚上，我们收到消息，成功的希望已消失殆尽。

韦维尔将军致首相：

1. 克里特岛的形势恐怕已十分严峻。干尼亚前线已崩溃，苏达湾至多能再守住二十四个小时。援军已无法作战……

2. 驻守在该岛的我军，大多都在希腊遭遇过敌军压倒性的空袭，度过了重重考验。如今，他们在克里特岛重蹈覆辙，而且敌军的空袭规模还在不断扩大。面对持续不断的空袭，我军束手无策，再顽强迟早也会被迫放弃阵地，后勤也无法提供实质性支援。

3. 刚刚收到弗赖伯格发来的电报，说要想保全苏达湾地区的军队，只能以昼伏夜出的方式，将其撤退到该岛南部的海滩上。根据报告，雷西姆农的军队已被切断，供给也已耗尽。显然，驻守在伊腊克林的部队也将遭到包围。

4. 我们恐怕不得不承认一点，我军已无法再据守克里特岛，必须将部队撤到尽可能远的地方。由于敌军的空袭规模空前强大，加上形势所迫，敌军实际上已所向无敌。面对威力如此强大的空袭，我军根本无法抵御。

1941 年 5 月 27 日

弗赖伯格将军在陆战的第四天，于马利姆—干尼亚战区建了一条新战线。由于德军能随意使用飞机场，其兵力因而不断增强。5月26日这一天具有决定性意义。我军被迫退至干尼亚附近，在长达六天的时间内，所承受的压力越来越大。最终，他们再也无法支撑下去。敌军冲破通往内陆的战线，进驻苏达湾。弗赖伯格司令部与我们失去联系，他便凭其职权命令部队向南撤兵，横跨该岛，抵达斯法基亚。当晚夜深时，我军决定撤出克里特岛。部队在穿过山区的小路途中遭遇了复杂的情况。庆幸的是，26日夜间，莱科克上校所指挥的两支突击队（约七百五十人），已乘着"阿布提埃尔"号布雷舰登陆苏达湾。这支突击队算得上是生力军，和新西兰第五旅以及澳大利亚第七、第八营的残部一起，进行强有力的掩护。如此一来，我军在苏达湾—干尼亚—马利姆区域内的几乎所有残余部队才开始向南海岸撤退。

在雷西姆农，尽管部队在前往内陆的途中被敌军团团包围，供给和弹药也快耗尽，但他们依然坚守住阵地。摩托艇曾给他们运去一些口粮，但无法向他们传达向南海岸突围撤退的命令。敌军逐步合围，到了30日，残余部队至少击毙了三百名德军后，因粮食耗尽而投降。约有一百四十人设法逃出。

在伊腊克林，德军在飞机场东面的兵力日渐增强。苏格兰阿盖尔萨瑟兰高地营曾向守军提供增援。该部队在廷巴基登陆，一路奋战，抵达伊腊克林后和守军会合。此时，海军也恰好及时赶来营救。

我们不但得再次面对痛苦而凄凉的撤军任务，还势必会遭受重大损失。舰队在不断遭到敌机袭击后不堪重负，但仍要想办法使两万两千人登上船，穿过敌方空军所控制的三百五十英里海域进行撤退。这些人大多都是在斯法基亚空旷的海滩上登船。皇家空军竭尽全力从埃及派了几架能飞抵目的地的飞机。敌军手下的马利姆机场是主要目标，我们日夜多次轰炸。我们的空军在执行此次任务时承受重压，但他们所展开的必要的小规模行动并未取得较大成果。空军中将特德答应派战斗机掩护舰只，但他也同时强调，他们提供的掩护不会太多，而且时断时续。斯法基亚是南部海岸的一个小渔村，位于五百英尺高的峭壁之下，只能通过一条险峻的羊肠小道穿行其中。部队必须躲在峭壁附近，收到召唤方可上船。28日夜间，阿利斯海军上校所率的四艘驱逐舰抵达，舰上载有七百人，为集合完毕的大批官兵带去了口粮。返航途中，由于战斗机的掩护，只有一艘驱逐舰受到轻微损伤。至少有一万五千人潜伏在斯法基亚附近，那里的地面高低不平。弗赖伯格的后卫部队并未停止战斗。

　　为了营救伊腊克林守军，罗林斯海军上将所率的舰队同时出动，其中包括"猎户座"号、"阿贾克斯"号和"代多"号巡洋舰以及六艘驱逐舰。一场悲剧即将上演。从下午五点到太阳下山，从斯卡潘托岛起飞的敌机不断向该舰队发起猛攻。"阿贾克斯"号巡洋舰和"帝国"号驱逐舰险些被击中，"阿贾克斯"号不得不中途返航。驱逐舰在午夜前抵达伊腊克林，之后将军队运至在外海等候的巡洋舰上。截至凌晨三点二十分，运载完毕。四千人上了船后，开始返航。过了半小时，受创的"帝国"号驱逐舰的舵机突然出现故障，差点与巡洋舰相撞。所有舰队必须在天亮前尽力驶入南部海域。尽管如此，罗林斯海军上将却决定命令"赫脱斯保"号驱逐舰返航，去接"帝国"号驱逐舰上的军队和乘员，并将该舰击沉。他亲自把军舰的时速减至十五英里，以便在黎明前和运有九百名士兵的"赫脱斯保"号再次会合。现在，他已经比原定时间晚了一个半小时，日出时才朝南穿过卡索斯海峡。事前，战斗机曾被派去进行掩护，但部分原因是出现了时间变化，导致飞机未能找到舰只。上午六点，可怕的轰炸开始，一直持续到下午三点。此时，舰队离亚历山大港已不到一百英里。

　　"希尔伍德"号最早遇难。上午六点二十五分，该舰被炸弹击中，

无法继续与护航船队同行。罗林斯上将当机立断，决定让这艘受创的舰只自生自灭。最后，该舰驶近克里特岛海岸。舰上的大多数人虽成了战俘，但却活了下来。更不幸的事接踵而来。后来的四小时内，"代多"号和"猎户座"号巡洋舰以及"诱敌"号驱逐舰都被击中。舰队时速减至二十一英里，但仍结队向南前行。"猎户座"号的状况惨不忍睹。舰上除了船员，还有一千一百名士兵。炸弹穿过舰桥落在了挤满人的下层甲板，约两百六十人被炸身亡，另有两百八十人受伤。舰长巴克海军上校遇难，船只受到重创，燃起熊熊大火。到了中午，海军航空队的两架"海燕"式战斗机前来，这才让人松了口气。皇家空军战斗机尽管做出百般努力，却仍未找到遇难舰队，但与敌机经过数次交锋后，击毁了至少两架敌机。28 日下午八点，舰队抵达亚历山大港。我们这才发现，从伊腊克林救出的守军有五分之一已死伤或被俘。

*　　*　　*

如我们所知，国内政治与军事当局给驻开罗的各总司令施以重压，而大部分压力又转至和敌军交战的军队肩上。对此，他们义不容辞。然而，自 29 日发生的一系列事件后，针对应发动多大力量将我方军队从克里特岛撤出这一问题，韦维尔将军及其同僚不得不做出决定。陆军此时生死攸关，空军却无能为力，任务再一次落在海军肩上，他们已疲惫不堪，饱经炸弹的摧残。在坎宁安海军上将看来，值此危难关头，置陆军于不顾实在有违传统。他表明，"海军花费三年的时间可造一艘军舰，而建立新的传统，则需要三百年。撤退（即营救）工作仍应继续"。然而，他经过再三斟酌，并与海军部及韦维尔将军协商后，才决定要坚持到底。截至 29 日早晨，军队救出将近五千人，但仍有大批人员在等待救援。这些人躲在通往斯法基亚所有的路口，白天时，他们只要一露面随即就会遭到轰炸。

28 日傍晚，金海军少将驱舰前往斯法基亚，随行的还有"月神"号、"珀斯"号、"加尔各答"号、"考文垂"号、"格兰盖尔"号袭

击舰以及三艘驱逐舰。29 日夜间，约六千人顺利登船，在此期间，"格兰盖尔"号的登陆艇发挥了巨大作用。早晨三点二十分，所有舰队开始返航。虽然这些舰艇在 30 日遭到了三次袭击，但最终还是安然抵达亚历山大港。只有"珀斯"号巡洋舰的锅炉房被击中受损。对此，皇家空军战斗机功不可没，其数量虽少，但在返航途中曾不止一次击退了敌军的进攻。原以为，敌军会在 29 至 30 日夜间最后奋力一搏，然而到了 29 日，实际情况却并未像先前设想的那般糟糕。因此，到了 30 日早晨，阿利斯海军上校率领四艘驱逐舰再次前往斯法基亚，其中两艘驱逐舰不得不中途返航，而他则继续率领"内皮尔"号和"尼赞"号（海得拉巴王子及其人民所赠）前进，成功让一千五百余名士兵登船。这两艘驱逐舰虽在返航途中险些被炸弹击沉，但还是安然抵达亚历山大港。几天前，希腊国王历经艰辛，和英国公使一块离开该岛。当晚，弗赖伯格将军按照开罗各总司令的指示，乘飞机撤离该岛。

5 月 30 日，各总司令发出命令，为营救该岛上的残留部队做最终努力。原以为斯法基亚的残留士兵不到三千人，然而后来的消息证实，实际人数是预计人数的两倍以上。31 日早晨，金海军少将再次率领"月神"号、"阿布提埃尔"号和三艘驱逐舰前往该岛。他们不指望救出所有人，但坎宁安海军上将下令，只要舰只能够装得下，就尽量将士兵全数运回。与此同时，海军部接到通知，今晚将是最后一次撤退。登船工作进展顺利，6 月 1 日早晨三点，舰只再次返航，运载着近四千名士兵安全抵达亚历山大港。"加尔各答"号巡洋舰前去接应舰只进港，在离亚历山大不到一百英里处被炸弹击沉。

英国及其帝国有五千多名战士被遗留在克里特岛某地，韦维尔将军准许他们投降。然而有不少人分散在这一百六十多英里长的多山岛屿，村民和乡民向他们和希腊士兵提供了救助。这种情况一旦被发现，这些百姓就会遭到严惩。无辜百姓英勇无比，却遭到残忍的报复，二三十人被成批枪决。为此，三年后，也就是 1944 年，我向军事参议院提议，就地审判在当地发生的罪行，并将被告人送回当地受审。军事

参议院采纳了这个建议，尚未偿还的血债得到清偿。

＊　　　＊　　　＊

一万六千五百人被安全送至埃及，之后，各方突击队冒着风险又救出了一千多人。我方死伤和被俘人数约为一万三千人。此外，海军伤亡了近两千人。据统计，自开战以来，马利姆和苏达湾区域内共有四千多座德军坟墓，在雷西姆农和伊腊克林还有一千多座。大量德军在海中溺毙，数量不详。后来，还有一些受伤的德军在希腊的医院死去。敌军伤亡人数超过了一万五千人。约一百七十架运输机被击毁或严重受损。然而，为了取得此次胜利，他们所付出的代价不能以伤亡多寡来衡量。

＊　　　＊　　　＊

在克里特岛一战中，我方争夺到了战略据点，除此之外，此战也证明了我方通过艰苦不懈的斗争而获得了决定性成果。我们并不知道德军手上有多少伞兵师。实际上，正如下文即将描述的，鉴于克里特岛的战况，我们着手为防卫本土做准备，是为了抵御四到五支如此强悍的敌军空降师。后来，我们联手美国建立了一支规模更大的空降师。然而事实上，戈林手上只有一支空降师，即德国第七空降师。该师在克里特岛战役中已被消灭。戈林手下五千多名最骁勇的战士已殒命沙场，德国空降师也已无力回天，整个结构遭到瓦解，再也未曾出现并发挥有效作用。在争夺克里特岛一战中，虽然战事混乱，过程沮丧，徒劳无果，但新西兰、英国及希腊军队或许已意识到，他们在此次重大事件中发挥了一定作用。在关键时刻，该事件减轻了我们莫大的负担，影响深远。

中东即将爆发的战事中，德军由于损失了精英战士，其实力强劲的空降部队无法再挑大梁。戈林在克里特岛所取得的胜利得不偿失，

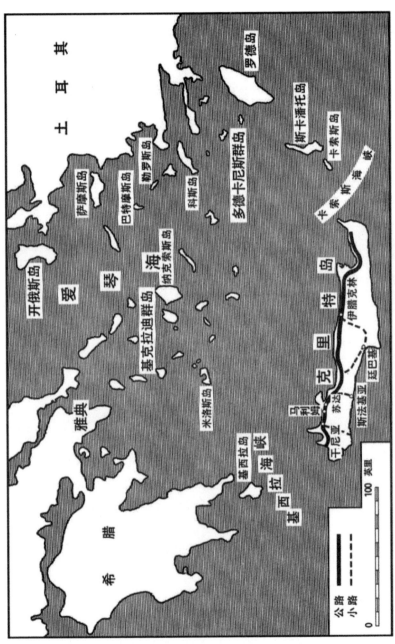

克里特岛和爱琴海

他若将该岛的武装力量转至夺取塞浦路斯、伊拉克、叙利亚，甚至波斯，会轻松许多。这支部队本应被派去剿灭犹豫不决、不坚定抵抗的部队，却和英国的战士们来了一场殊死搏斗，而且往往都是进行肉搏，白白错过大好时机，还损失了无可替代的军队，真是愚蠢至极。

第十一空军军团"作战报告"现在在我们手里，第七空降师就隶属于该军团。当我们回忆起部署克里特岛战事时所遭到的严厉批评和自我批评时，听一听对方的看法倒别有意思。德国人说："英国部署在克里特岛的地面部队大概是我们预计的三倍。"他们曾想尽办法，对岛上的作战区做了细致的防守准备……对所有的防御工事进行了巧妙伪装……由于情报不足，未能正确估计敌情，给第十一空军军团的进攻带来极大危险，使其蒙受惨重的损失。在德国人审讯我方战俘的报告中，记录了以下这段话，在此非常感谢那些匿名的朋友，我斗胆引用一下：

> 谈到英国军队的精神和士气时，有一点值得一提，虽然他们在作战时连连受挫，但总体而言，他们依然百分百信任丘吉尔。

* * *

至少从理论而言，我方海军由于在克里特岛之战及撤退过程中遭受损失，因而严重威胁到我军在地中海的地位。在3月28日的马塔潘角战役中，意大利海军被临时赶回了港口。但如今，我方舰队却遭到新一轮的惨重损失。克里特岛战役结束后，坎宁安海军上将手头只有两艘战列舰、三艘巡洋舰和十七艘驱逐舰可用。另有九艘巡洋舰和驱逐舰正在埃及进行修理，"厌战"号和"巴勒姆"号战列舰、其仅有的一艘"可畏"号航空母舰以及其他几艘军舰，则只能离开亚历山大港去别处修理。在作战中，三艘巡洋舰和六艘驱逐舰被击毁。须尽快派舰队前去增援，以恢复势均力敌的状态。然而，正如接下来要谈到

的，眼前我们还将遭到更大不幸。现在，我们必须正视这段时期。我方在地中海东部的制海权不稳固，并引发了一系列困难，对意大利人而言，这将是他们发起挑战的大好时机。我们也说不准他们是否会利用此次机会。

第五章

FIVE

命途多舛的“俾斯麦”号

在大西洋上遭遇危险——"俾斯麦"号与"欧根亲王"号出海——"胡德"号被摧毁——我在契克斯焦急等待——"欧根亲王"号逃脱——被鱼雷击中——"俾斯麦"号失去控制——维安海军上校率领的驱逐舰队——"罗德尼"号发起进攻——一切成就归功于大家

继我方在希腊遭遇失败后,西部沙漠的局势尚无定论,克里特岛的激战对我们十分不利,紧随其后,敌方海军在大西洋上演了一起影响深远的事件。

德国潜艇一直持续袭击,除此之外,其海上袭击舰还使我军损失了七十五万多吨船舶。敌军的两艘战列巡洋舰"沙恩霍斯特"号和"格奈森诺"号以及"希佩尔"号巡洋舰,在其威力强大的高射炮掩护下,仍然停泊在布雷斯特。没有人知道这些舰船会在何时又来干扰我们的贸易航线。到了5月中旬,种种迹象表明,新建成的"俾斯麦"号战列舰可能即将投入作战,与之相伴的还有"欧根亲王"号巡洋舰,上面载有八英寸口径的大炮。在辽阔的大西洋海面上,这些威力强大的快速舰只汇集在一起会给我们的海军力量带来极大考验。"俾斯麦"号在建造时未受条约所限,上面装有八门十五英寸口径的大炮,是最重的一艘海上装甲战舰。比起我军最新式战列舰,其排水量多出近一万吨,航速至少与之齐平。5月份,希特勒在视察此舰时说道:"你是德国海军的骄傲。"

面对这迫近的威胁,总司令托维海军上将在斯卡帕湾部署了"英王乔治五世"号和"威尔士亲王"号新型战列舰以及"胡德"号战列巡洋舰,在直布罗陀海峡部署了萨默维尔海军上将所率领的"声威"

号和"皇家方舟"号。此时,"却敌"号和"胜利"号新型航空母舰正准备护送一支两万余人的运兵船队前往中东。"罗德尼"号和"拉米伊"号负责在大西洋上为舰只护航,如若独自遇上了"俾斯麦"号,极有可能早已被击沉。"复仇"号已准备从哈利法克斯港出航。此时,海面上共有十一艘护航舰已经或即将出发,其中包括了一艘冒着生命危险的、无比珍贵的运兵船。巡洋舰在北海各出海口进行巡逻,空中侦察队警惕地巡视着挪威海岸。海上情况不明朗,气氛却剑拔弩张。我常年与海军部保持联系,此时他们开始意识到敌军即将有所行动,并敏锐地觉察到,敌军已将目标锁定为我方部署于各海域的商船。

5月21日凌晨,我们获悉敌军两艘大型战舰及一艘强大的护航舰已驶离卡特加特海峡①。同日晚些时候,我方证实"俾斯麦"号和"欧根亲王"号已停泊在卑尔根峡湾②。显而易见,敌军要准备重大行动了,于是我们在大西洋的所有指挥机构立即展开紧张活动。海军部采取了稳健保守的原则:集中力量对付敌方的袭击舰队,哪怕让那些护航舰冒着生命危险,甚至包括那艘运兵船。22日午夜过后,"胡德"号、"威尔士亲王"号和六艘驱逐舰驶离斯卡帕湾,前往掩护"诺福克"号和"萨福克"号,这两艘军舰当时正在格陵兰岛和冰岛之间的丹麦海峡巡逻,那里海面冰封,十分沉寂。"曼彻斯特"号和"伯明翰"号巡洋舰奉命守卫冰岛和法罗群岛之间的海峡;"却敌"号和"胜利"号则由总司令直接调派;经批准,那支运兵船队仅由驱逐舰护航,从克莱德湾③启航。

5月22日(星期四)这一天,情况变幻莫测,人们惴惴不安。北海上空乌云密布,飘起雨点。尽管天气恶劣,一架从哈特斯顿(位于奥克尼群岛)起飞的海军飞机依然冒着猛烈的炮火飞抵卑尔根峡湾,顽强地完成了侦察任务。那两艘敌舰已不在原地!晚上八点,托维海

---

① 卡特加特海峡,大西洋北海的一个海峡,位于丹麦的日德兰半岛和瑞典的西海岸之间。——译者注

② 卑尔根峡湾,位于挪威西南方,二战期间该港受纳粹德军统治。——译者注

③ 位于英国苏格兰西岸,英国在北方边界最大的海军基地。——译者注

军上将得知此消息后，立刻登上"英王乔治五世"号，率领"胜利"号、四艘巡洋舰和七艘驱逐舰，前往北海西面占据核心位置。这样一来，敌军选择从冰岛任何地方下手，他均能派其巡洋舰前往支援，进行巡逻。次日早晨，"却敌"号在海上与之会合。海军部判断，敌舰可能会穿过丹麦海峡。当晚，我收到报告几分钟后，就给罗斯福总统发去电报：

> 昨日（即21日），敌军的"俾斯麦"号、"欧根亲王"号和八艘商船停在了卑尔根。由于云层太低，我们无法发动空袭。今晚，我们发现这些船只已起航。我们有理由相信，敌军正准备在大西洋对我军船只发动大规模袭击。要是我军追踪不到动向，想必你们的海军一定可以帮我们指明位置。"英王乔治五世"号、"威尔士亲王"号、"胡德"号、"却敌"号、"胜利"号航空母舰以及附属舰只将一同前去追踪这些敌军船只。如若你方能将消息告知我们，我们定会完成任务。

事实上，约二十四小时前，"俾斯麦"号和"欧根亲王"号就已离开卑尔根。此时，它们正位于冰岛的东北部，意欲驶向丹麦海峡。这里的海面积冰，海峡缩至仅八十英里宽，而且几乎都被浓雾笼罩着。23日傍晚时分，"萨福克"号和"诺福克"号先后发现从北方驶来了两艘军舰，它们沿着积冰边缘前进，恰好天气晴朗。海军部最先收到"诺福克"号发来的观测报告，便立刻用密码向所有相关人员进行广播。我军开始追击；猎物已近在咫尺；于是所有战舰蓄势而动。总司令的旗舰加速向西驶去。"胡德"号和"威尔士亲王"号调整方向，以便第二天黎明时分，在冰岛西面截击敌舰。海军部命令萨默维尔海军上将率领"H"舰队（"声威"号、"皇家方舟"号和巡洋舰"谢菲尔德"号）向北高速行驶，前去保护那艘运兵船，或直接加入战争，当时该船已驶过大半个爱尔兰海岸。萨默维尔海军上将的舰只早已蓄势待发，24 日凌晨两点，便离开了直布罗陀。后来的事实证明，这些舰只起航时，就已决定了"俾斯麦"号的命运。

＊　　　＊　　　＊

星期五（23 日）下午，我前往契克斯，随同的人有艾夫里尔·哈里曼、伊斯梅将军及波纳尔将军，我们待到星期一才离开。克里特岛战事正如火如荼，所以我们只能不安地度过这个周末。当然了，我的住所里配备了各类辅助人员，而且也能与海军部的值勤官以及其他重要部门保持着直接的电话联系。海军部估计，"俾斯麦"号和"欧根亲王"号将在拂晓时分穿过丹麦海峡，并和"威尔士亲王"号、"胡德"号以及两三艘巡洋舰进行交战。我军所有舰只都遵行总计划前往战场。我们焦虑不安地等了大半夜，两三点时才上床睡觉。

大约七点时，我被唤醒，听到了可怕的消息：我军吨位最大、速度最快的主力舰之一"胡德"号已被击沉。其船体结构虽较轻，可上面装有八门十五寸口径的大炮，是一艘极为珍贵的军舰。丧失这艘主力舰令人痛心。但我知道，我军所有舰只正从四面八方逼近"俾斯麦"号，因此我确信，不久以后，除非该舰驶回德国，否则我军必能将其拿下。我径直向走廊尽头的哈里曼房间走去，我俩一见面便异口同声道："'胡德'号被炸沉了，但我们一定能拿下'俾斯麦'号。"接着我便回房了，由于过度疲惫，又睡着了。大约八点半时，我的首席私人秘书马丁穿着睡衣走进我的房间，他那轮廓分明、表情严肃的脸上浮现出一丝紧张。"拿下了吗？"我问道。"没有，'威尔士亲王'号已撤出行动。"这真令我大失所望。难道"俾斯麦"号已驶回德国了吗？这正是我最为担心的事。现在，我们对当时的情形已一清二楚。

＊　　　＊　　　＊

那天整晚（5 月 23—24 日），"诺福克"号和"萨福克"号冒着雨雪前行。尽管天气恶劣，敌舰竭尽全力试图甩开它们，可这两艘舰只依然巧妙地执行着跟踪任务。整整一夜，船上信号所指出的敌舰与友舰的位置都非常确切。当北极的黎明即将转为白昼时，我们发现"俾斯麦"号正在南面十二英里处往南行驶。不久，"诺福克"号的船舷左舷处燃起一股浓烟。"胡德"号和"威尔士亲王"号也即将到达。一场殊死较量即将开始。天色渐亮，站在"胡德"号上可以看见，敌舰正位于西北十七英里处的海域。英国舰只立即开战。上午五点五十二分，"胡德"号在距离敌军两万五千码处发起进攻。"俾斯麦"号予以还击，"胡德"号当即被一颗炮弹击中，该舰上的四英寸口径大炮燃起大火。火势迅速蔓延至舰上的整个中间部位，速度惊人。这时，我军所有舰只都火力全开，"俾斯麦"号也中了弹。灾难顷刻间降临。六点时，当"俾斯麦"号第五次发射完排炮后，"胡德"号发生剧烈爆炸，船身一分为二。几分钟后，"胡德"号在弥漫的烟雾中沉入海底。船上一千五百多名英勇的士兵，除了三人，全部遇难，其中也包括了兰斯洛特·霍兰海军中将和拉尔夫·克尔海军上校。

为了避免撞上"胡德"号的残骸，"威尔士亲王"号迅速改变航向，继续投入战斗中。眼下，双方实力已不相上下。不久，"俾斯麦"号就将炮火对准了"威尔士亲王"号。仅过了几分钟，它就被四枚十五英寸的炮弹击中，其中一枚击毁了舰桥，上面的人非死即伤。与此同时，水下的舰尾部分被穿了个洞。利希海军上校是舰桥上少数几个幸存者之一，他决定暂时中止战斗，趁着烟幕离开了战场。然而，"俾斯麦"号也被"威尔士亲王"号击中，速度变慢了。事实上，"俾斯麦"号水下的船身已被两枚重型炮弹击中，其中一枚把油槽打穿了，里面的油源源不断地流出，后果十分严重。德国司令官命令继续往西南方行驶，留下的油迹清晰可见。

如今，"诺福克"号巡洋舰舰桥上的威克·沃克海军少将负责指挥舰队。因此，他必须做出决定：是即刻重新开战，还是牵制住敌人等总司令率"英王乔治五世"号和"胜利"号航空母舰前来？"威尔士亲王"号的状况是关键所在。这艘战舰刚投入作战没多久，而且就

在一周前，利希海军上校才报告说该舰"可以作战"。现在，"威尔士亲王"号已伤痕累累，舰上共有十门十四英寸口径的大炮，其中有两门已报废。在这种状况下，能否与"俾斯麦"号抗衡尚未可知。因此，威克·沃克海军少将决定不再作战，只是时刻关注着敌军的动向。少将在这一点上是完全正确的。

＊　　　＊　　　＊

"俾斯麦"号所取得的胜利令人震惊，如果能满足于此，那的确是明智之举。该舰在几分钟内将皇家海军最优秀的一艘战舰摧毁后，便可以带着显赫战功回德国了，这也将大大提高其声望并增强其潜在的攻击力量。我军对这种情况是很难进行估计或解释的。

此外，正如我们如今所知，"俾斯麦"号已遭到"威尔士亲王"号重创，漏油情况十分严重。如此一来，"俾斯麦"号还能如何在大西洋破坏我们的商船呢？它有两个选择，要么凯旋，再寻找随时出击的机会；要么继续行动，若这样，它必然将遭到摧毁。其司令官决定奋战到底，他这么做或许是因为得意忘形，又或者是因为无法违背命令。只有这样，司令官的决定才能解释得通。我十点左右会见美国朋友①时，由于事先已知道"俾斯麦"号正向南行驶，因此才能重新自信地谈论这场海战的结局。

每天我都必须花大量时间来阅读军事、外交以及谍报方面的电报，这些电报由专用电话传来或由邮差送到，从未间断过。这给人一种莫大的安慰，因为当一个人有事做时，大脑会一直运转，也就顾不上忧虑了。然而，我始终放不下一件事：那艘四万五千吨的庞大的"俾斯麦"号，遇到攻击时几乎无懈可击，此时它正向南疾驰，直指我方运兵船，"欧根亲王"号在旁进行侦查。我转念又想起那些运输船队，其护航战列舰已在追击中离开了它们。那支运兵船队想必现在已驶向

---

① 指哈里曼。——译者注

爱尔兰南部，上面所载的士兵皆如珍宝。萨默维尔海军上将正全速追击，马上就将到达船队与危险水域间了。我问海军部值勤官，敌人还有多长时间和多远距离会追上船队。他的报告使我松了口气。虽然我方运兵船队的时速只有十二海里，并且据我们所知，"俾斯麦"号的时速为二十五海里，但是两者还离得很远。而且，只要我们一直盯着"俾斯麦"号，就能将其追至绝路。问题是，如果我们在夜间失去其行踪该怎么办呢？它会驶向哪里呢？它有多种选择，但无论在哪里，几乎都会遭其攻击。

周二，下议院与我们开会时，议员们的心情看起来也不太好。5月10日，下议院被炸为平地，现在大家都挤在了不远处的教会大楼里。这的确是暴风雨中的一个避难港，但却缺乏便利设备。办公室、吸烟室、饭厅以及所有常用设备都是临时搭建，十分简陋。空袭警报频频传来，议员们的生活必需品也日渐匮乏。周二开会时，他们若得知那些消息，能受得了吗？"胡德"号之仇未报，我方运输船队遭到几艘敌舰袭击，有些甚至已被炸毁；"俾斯麦"号已回到德国，或已到达法国占领区的港口；除此之外，克里特岛已沦陷，撤退中难免还发生了重大伤亡。我深信，只要他们相信我们并没有把事情搞砸，就绝不会背叛或怯懦。但他们真会相信吗？我的美国客人觉得我很淡定，可强颜欢笑并不是什么难事。

＊　　＊　　＊

24日一整天，英国巡洋舰和"威尔士亲王"号继续跟踪"俾斯麦"号及其僚舰。虽然率领"英王乔治五世"号的托维海军上将仍旧离我们很远，可他却发来信号说，希望能在25日早晨九点加入战斗。海军部召集了所有舰只。远在东南五百海里处的"罗德尼"号奉令抄近路行驶；"拉米伊"号则奉令离开那艘返航运输船，驶向敌舰西侧；"复仇"号奉命从哈利法克斯赶往现场。巡洋舰严阵以待，防止敌舰从北向东逃逸。此时，萨默维尔海军上将所率舰队则从直布罗陀向北前进。尽管海上风云变幻，我们布下的网却越收越紧。

当晚六点四十分左右，"俾斯麦"号突然转而攻击紧随其后的舰只，此次交锋并未持续多长时间。现在我们知道，这么做是为了掩护"欧根亲王"号逃逸。开战后，"欧根亲王"号随即高速向南驶去，在海上补给燃料后，十天后顺利抵达布雷斯特港。为了使敌舰减速，托维海军上将派出"胜利"号先行一步。该舰刚投入战斗不久，舰上的一些飞行人员作战经验尚不足。晚上十点，它在四艘巡洋舰的掩护下，派出了九架"旗鱼"式鱼雷轰炸机。这些飞机需冒着强劲的逆风，在雨水和低云层中前行一百二十英里。在"诺福克"号的无线导航下，海军少校埃斯蒙德率领这些飞机，在两小时后①发现了"俾斯麦"号，并当即冒着猛烈的炮火毫无畏惧地发起袭击。敌舰舰桥下方被我军一枚鱼雷击中。"胜利"号上，大家忧心忡忡，不知该如何使飞机返回舰上。此时，天色已一片漆黑，风呼呼地刮着，大雨倾盆而至，眼睛都睁不开。即使在白天，那些飞行员也无法熟练地降落在甲板上。此外，唯一一盏能指引飞机安全降落的指示灯也已失灵。因此，尽管德国潜艇就潜伏在周围，大家还是把探照灯和信号灯全部打开，帮助飞行员着陆。让人高兴的是，他们所付出的巨大努力得到了回报。全体飞行人员在黑暗中安全降落，大家无不感到欣喜与慰藉。

我方舰只为第二天早晨的决战重新做好准备，海军部的希望却再次落空。25日凌晨三点刚过，出乎意料的是，"萨福克"号突然跟丢了"俾斯麦"号。该舰曾巧妙地利用雷达跟在敌舰的左后方。这时，所有舰只往南行驶至敌军潜艇出没的海域时，一路曲折，导致了不幸的事发生。蜿蜒前进的路途中，每当"萨福克"号行驶至外部航线终点时，便无法用雷达观测到"俾斯麦"号的踪迹，向内航行时却又可以。也许因为长时间以来，"萨福克"号的尾随任务始终完成得很顺利，因而过于自信。然而如今，它再次转向西面时，敌舰已离开我军

① 当时英国舰只用的是双重的英国夏令时间（比格林尼治时间提前两小时），另外，它们这时已在格林尼治子午线以西很远，所以它们的钟面上的时间大约要比太阳时间早四小时。这样，袭击大约是在太阳时间下午八时。

预测的那条航线。该舰是转至西面还是沿原路从北至东返回了？我们对此倍感焦虑，所有集中起来的力量都功亏一篑。黎明时分，"英王乔治五世"号向西进行了搜索。这艘舰又认为"俾斯麦"号正驶往北海，于是向东驶去。此时，英国所有的追击舰只也正赶向东面。海军部越发肯定，"俾斯麦"号正驶往布雷斯特。直到六点，该想法才得以确定。海军部随即命令所有军队进一步向南前进。然而在此期间，我军由于无法确定"俾斯麦"号踪迹，因此行动有些混乱，并出现了耽搁，致使该舰溜过了警戒线，在这场生死存亡的竞赛中遥遥领先。到了晚上十一点，该舰已顺利驶入英国旗舰的东部海域。"俾斯麦"号由于油槽已漏，燃料已渐趋不足。"罗德尼"号上载有十六英寸口径的大炮，仍穿行于"俾斯麦"号及本国之间。然而，该舰此时也正向东北方行驶，下午时它在"俾斯麦"号的前方与之交错而过。起初这一天充满希望，却以失望与挫败结尾。庆幸的是，"声威"号、"皇家方舟"号和巡洋舰"谢菲尔德"号在大西洋南部乘风破浪而来，沿着截击敌舰的航线向敌人步步紧逼。

　　5月26日早晨，我方分布于各水域的舰只已艰苦航行了四天，燃料问题急需解决。其中几艘追击舰已被迫减速。显然，在如此浩瀚的海洋里，我们做出的所有努力可能会很快付之东流。然而，到了上午十点半，正当希望即将破灭时，我军再次发现了"俾斯麦"号的行踪。海军部与空军海防总队派遣驻扎在爱尔兰厄恩湖①的"卡塔利娜"式远程轰炸机进行搜索，其中一架轰炸机发现，那艘舰正驶向布雷斯特，距离海港尚有七百英里。"俾斯麦"号击伤了那架轰炸机，再次逃之夭夭。然而不到一小时，两架从"皇家方舟"号上起飞的"旗鱼"式鱼雷轰炸机又一次发现该舰行踪，仍位于"声威"号以西较远的海域，尚未进入德国空军布置在布雷斯特周围的掩护网。然而，"声威"号仅凭自身无法与之较量，需等到"英王乔治五世"号和"罗德尼"号前来，才能展开行动。这两艘战舰距离敌舰依然很远。然而，

_____

①　苏格兰中部湖泊。

此时仍在"科萨克"号舰上的维安海军上校率领着四艘驱逐舰赶了过来。他收到了"卡塔利娜"式飞机发来的信号，告诉他"俾斯麦"号的位置。维安海军上校曾因救出德国"阿尔特马克"号袭击舰上的英国俘虏而名声大噪，而那四艘舰先前曾奉命护卫运兵船队，后又奉令离开。尚未等到新的命令，他便立刻驶向敌舰。

　　眼下的局面十分混乱。萨默维尔海军上将急忙赶往北面，派遣"谢菲尔德"号前去追赶并尾随敌舰，但由于"皇家方舟"号对此次行动并不知情，因此当其发动空袭时，机上的雷达便指向"谢菲尔德"号，所幸并未击中。"谢菲尔德"号知道袭击目标有误后，成功躲了过去，并未开炮。飞行员满怀歉意地返回了"皇家方舟"号。此时，"谢菲尔德"号发现了"俾斯麦"号的行踪，并一直牢牢地盯着。下午七点刚过，十五架"旗鱼"式鱼雷轰炸机再次从"皇家方舟"号起飞。此时，敌舰仅在四十英里处，这次没有找错攻击目标。在"谢菲尔德"号不计前嫌的指引下，这些飞机果断地发起了猛烈袭击。到了九点三十分，任务完成。两枚鱼雷肯定击中了敌舰，还可能是三枚。据一架追踪飞机报告，它曾看到"俾斯麦"号整整兜了两圈，看来该舰已失控。此时，维安海军上校的几艘驱逐舰正逐渐逼近那艘受伤的敌舰，将该舰整整包围了一晚上，一有机会就用鱼雷发动袭击。

＊　　　＊　　　＊

　　周一晚上，我去了趟海军部，在作战室通过海图观看作战情况，每隔几分钟就会传来战报。"你在这儿做什么？"我问军需署长弗雷泽上将。"我在这儿等着，看有没有什么要修的东西。"他回答道。转眼四个小时过去了，在我离开之际，庞德海军上将及其精挑细选出的专家们显得胸有成竹，相信"俾斯麦"号已在劫难逃。

　　德军司令官卢金斯海军上将未曾有任何侥幸心理。临近午夜时，他在报告中说道："舰只已无法操纵，但我们会奋战到底，直至用尽最后一颗炮弹。元首万岁！""俾斯麦"号距离布雷斯特尚有四百英里，

已无法行驶至目的地。此时，德军派出威力十足的轰炸机部队前往救援该舰，潜艇也匆匆赶到现场。其中一艘德国潜艇报告称，"皇家方舟"号曾从其旁驶过，差点被该舰袭击。此时，"英王乔治五世"号和"罗德尼"号逐渐逼近。燃料问题令人格外担忧。托维海军上将已决定，如果"俾斯麦"号不大幅减速，到了午夜，他将不得不放弃追击。第一海军大臣听从我的建议，命其继续追击。即使打到只能被拖回国，也要继续。然而，此时我们得知，"俾斯麦"号实际已偏离航向。其主炮完好无损，托维海军上将决定次日早上主动发起攻击。

27日黎明时分，西北风呼呼地刮着。上午八点四十七分，"罗德尼"号开炮。一分钟后，"英王乔治五世"号紧随其后，也开火了。英国舰只很快开始发动袭击，过了一会儿，"俾斯麦"号也开炮了。尽管经过四天的激烈交战，该舰上的人员早已筋疲力尽，值班时已昏昏欲睡，可其炮火在短时间内打得很精准。当它发射第三波排炮时，炮弹差点击中"罗德尼"号。但此后，英国军舰发起压倒式进攻，半小时后，该舰的大炮大多已哑火，中部烧了起来，舰身向左急剧倾斜。此时，"罗德尼"号行驶至其船头，发起猛烈进攻，前后距离不超过四千码。到了十点十五分，"俾斯麦"号上的大炮一片沉寂，舰桅已被打掉。它在汹涌的波涛中颠簸着，泛起熊熊火光，烟雾冲天。然而此时，该舰仍未沉入海底。

*　　*　　*

十一点时，我来到教会大楼，不得不将克里特岛一战以及"俾斯麦"号的戏剧传奇报告给下议院。我这样说道："今天早上天刚亮，英国追击舰就向'俾斯麦'号发起攻击。该舰其实早已不能动弹，且无法得到援助。不知道炮击结果如何。但依目前来看，'俾斯麦'号尚未被炮火击沉。我军将用鱼雷迅速了结该舰。在我看来，该行动应该正在展开，而且过不了多久就会结束。虽然损失了'胡德'号使我军伤亡惨重，可'俾斯麦'号应该算是世界上样式最新且威力最强的

战列舰了。"我刚坐下，就有人给我递了张纸条，上面的内容使我再次起身发言。征得下议院的同意后，我说道："我刚接到消息，'俾斯麦'号已被击沉。"各议员看上去对此结果甚为满意。

最后是由巡洋舰"多塞特郡"号用鱼雷发出致命一击。十点四十分，那艘威力十足的战舰翻了船，沉入海底。与此同时，船上的两千多名德国人及其司令卢金斯海军上将也命丧海底。我军救起一百一十名幸存者，他们虽已体力透支但仍心有不甘。德国潜艇赶来后，我方便中止了营救工作，英国舰只被迫撤退。该潜艇和气象观测船又救起了五名德国人，但随后西班牙"卡那利亚斯"号巡洋舰到达现场时，只找到了一些浮尸。

＊　　　＊　　　＊

通过这段插曲，我们清晰地看出与海战相关的许多重要问题，并体现出该战舰不仅在布局上十分合理，在攻击力方面也使我军众多舰只陷入重重困难与危险。如果该舰侥幸逃脱，我军将继续承受巨大的精神压力，舰只也将遭到灾难性的破坏。人们会对我们的制海能力提出种种质疑，并向全世界散播，使我们蒙受莫大的损害和不安。为了取得此次成功，所有部门都恪尽职守。一开始，由巡洋舰负责追踪，随之与敌舰展开了首次交锋，损失惨重。过后，当敌舰摆脱追踪后，我方飞机发现了它并指引巡洋舰再次紧紧跟随。接着，巡洋舰指引舰载飞机发动致命一击。最后，在漫漫长夜中，几艘驱逐舰死死拖住了敌舰，使战列舰得以赶到并最终歼灭了它。尽管功劳是大家的，但我们不能忘记，是"威尔士亲王"号的大炮使"俾斯麦"号遭到首次重创后，才使这次旷日持久的战斗发生转折。因此，无论是在战争的开始还是结束，战列舰和大炮都功不可没。

大西洋的交通运输恢复畅通。

28 日，我给罗斯福总统发了一封电报：

我将日后再告知您我军与"俾斯麦"号的战斗内幕。该战舰威力强大，是军舰建造史上的杰作。我军将该舰击沉后，缓解了战列舰的紧张局势。否则，由于"俾斯麦"号和"提尔皮茨"号可能随时发动袭击，我军还得重新改装一艘战列舰，因此不得不从实际出发，把"英王乔治五世"号、"威尔士亲王"号和那两艘"纳尔逊"级战列舰泊在斯卡帕湾，以防敌舰发动袭击。如今的情况大不相同。德军将受此影响，我方将大为受益。据我估计，他们此时正重新分析局势。

第六章

SIX

叙 利 亚

叙利亚之险——德军特务及飞机抵达——埃及和土耳其的反应——达尔朗海军上将与德军展开谈判——我方兵力吃紧——韦维尔与参谋长委员会之间的误会——韦维尔的准备工作及其疑虑——"输出商"作战计划——国防委员会批准韦维尔的计划——攻占大马士革——当茨将军请求停战——叙利亚战役所取得的重要成果

　　叙利亚是法国的众多海外领地之一。法国政府投降后，叙利亚认为自身受到投降协议的束缚，而且维希当局又极力阻止所有在黎凡特①的法国士兵穿过巴勒斯坦，投奔我军。波兰旅抵达我方营地，但法国人却没有几个跟过来。1940 年 8 月，意大利停战委员会出现，于是战争爆发时遭到拘禁的德军特务获得了释放，并开始展开行动。到了年底，又有不少德国人前来，他们经费充足，继续煽动黎凡特的阿拉伯各民族抗击英国人和犹太复国者。到了 1941 年 3 月底，我方开始关注叙利亚的局势。德国空军已从多德卡尼斯群岛上的基地出发，向苏伊士运河发起攻击。显然，他们随时都能对叙利亚采取行动，尤其是派出空降部队执行该任务。德军一旦占领叙利亚，埃及、关键的运河区域和阿巴丹②炼油厂便会直接面临威胁，会不断遭到敌军空袭；同时危及我方在巴勒斯坦与伊拉克之间的陆地交通。此外，埃及也很可能发生政治变动，并将严重削弱我方在土耳其及整个中东的外交

---

　　①　黎凡特，中东托罗斯山脉以南、地中海东岸、阿拉伯沙漠以北和上美索不达米亚以西的一大片地区。——译者注
　　②　阿巴丹，位于伊朗西南端，伊朗最大的港口，世界最大炼油中心之一。——译者注

地位。

5月2日，拉希德·阿里请求希特勒发动武装力量，支持他在伊拉克进行的反英活动。次日，德国驻巴黎大使馆接到指示，要求法国政府允许德军穿过叙利亚，将飞机和军需品运送至拉希德·阿里的军队。5月5日和6日，达尔朗海军上将与德军达成初步协议，将飞机和军需品运至叙利亚，把军需品交给意大利停战委员会掌管，并将四分之三运至伊拉克；除此之外，德国空军在叙利亚着陆时还将拥有便利条件。维希高级专员兼总司令当茨将军已接到相关指示。从5月9日至月底，约有一百架德国飞机和二十架意大利飞机将降落在叙利亚机场。

正如前文所述，此时中东司令部手头的任务压得他们快喘不上气：主要负责保卫埃及；从希腊撤军；必须保卫克里特岛；支援马耳他岛；尚未彻底攻克埃塞俄比亚；必须为伊拉克提供军队。若要保卫北面的巴勒斯坦，现在只有第一骑兵师能用。该骑兵师战力强悍，但因别处有需要，其炮兵及附属部队已被调走。戴高乐将军迫切要求尽快让自由法国军队采取行动，必要时无须英国军队支援。然而，有了达喀尔的前车之鉴，无论是战场上的韦维尔将军还是身处伦敦的我们，都认为只派自由法国军队，哪怕只是为了阻止德军穿过叙利亚，也是不明智的。然而，这种情况可能已不可避免。

尽管如此，在没有竭尽全力之前，我们不能就这样白白放弃叙利亚。尽管我们不想给韦维尔增添负担，可眼下不得不恳请他尽其所能，帮助自由法国的军队。4月28日，韦维尔回复称只能派出一个旅。我在该电报上批复道："韦维尔将军需要尽快部署（他所提到的）那个旅及机动队，并前往巴勒斯坦边境待命。"于是，三军参谋长向韦维尔将军做出指示：不要对当茨将军明确表示一定会提供援助。但是，如果他阻击德军从海上或空中登陆，英国将立刻竭尽全力为其提供援助。除此之外，韦维尔将军还被告知，如果德军发动袭击，应立即指示空军采取行动。

前景不容乐观。5月8日，我给三军参谋长发去备忘录：

首相致伊斯梅将军，转参谋长委员会：

内阁将于今早召开会议，在叙利亚问题上，请三军参谋长为我出谋划策。我方必定不遗余力地阻止德军派出小股兵力在叙利亚落脚，然后以叙利亚为跳板，获得伊拉克和波斯的制空权。韦维尔将军无须为东翼的此次动乱而烦恼，这样做毫无意义……我们应当想尽一切办法提供援助，不必在意维希政府的反应。

请各参谋长为眼下的局势出谋划策，我将不胜感激。

5月9日，得到国防委员会的同意后，我致电韦维尔将军：

如果敌方将几千名德军空投至叙利亚，并攻占叙利亚，这其中的危险程度已不言而喻。我方所获情报表明，达尔朗海军上将可能已经与德军达成交易，帮助其进入叙利亚。眼下，我已明显察觉到你方兵力匮乏，可我们别无他法，只能为卡特鲁将军提供必要的运输支援，使他及其自由法国的军队尽力而为，皇家空军则负责阻止德军的空降部队。望你能给出更好的办法。

5月14日，皇家空军接到命令对付叙利亚境内及法国机场上的德国飞机。17日，韦维尔将军来电称，鉴于需要从巴勒斯坦向伊拉克调遣军队，故解决叙利亚事宜只能靠自由法国军队，或从埃及抽调军队。韦维尔将军有一种强烈的预感，自由法国军队无法胜任这个任务，并有可能使局势恶化。他在结尾处说，不到万不得已，希望不要派他参与叙利亚一事。参谋长委员会复电称，眼下别无选择，只能在不影响西部沙漠安全的前提下，将他规模最大的那支部队临时抽调出来，并让他做好准备，尽早进驻叙利亚。至于如何组织那支军队，则由他自行安排。

5月21日，在德军进攻克里特岛之际，韦维尔命令澳大利亚第七

师准备进驻巴勒斯坦，其中不包括驻托布鲁克的那个旅，并对梅特兰·威尔逊将军做出指示，让他拟订进军叙利亚的计划。这位将军本月初刚从希腊回来，现任巴勒斯坦和外约旦①司令。

＊　　　＊　　　＊

此时，韦维尔将军在看完参谋长委员会发给他的电报后，对身处国内的我们产生了误会。他认为我们只相信自由法国领导人提出的建议，对他的建议却不予认同。因此，他给帝国总参谋长发了封电报，说若情况如此，他宁愿自动请辞。我立刻就此向他担保，但同时也深感必须让他明白，我们决心在叙利亚来一次冒险，归根结底，这不是一次军事任务，但我们愿承担所有责任。

> 首相致韦维尔将军：
>
> 　此刻，我们决不能因叙利亚分心，妨碍我们取得克里特岛之战或西部沙漠之战的胜利……
>
> 　我方并不反对你把英国军队与派往叙利亚的那支自由法国军队进行混编。但你自己也清楚，连一次常规的军事行动你都无法发动，而且昨日你已得到指示，目前你所能做的是做好一切准备。
>
> 　如果你认为，这封电报中所提及的政策是自由法国的领导人所提出的，那你就错了，因为电报完全是依据负责各战区战事和政策的最高指挥官的意见而决定的。我们认为，如果德军仅凭少数空军、游客及当地叛徒就能占据叙利亚和伊拉克，那我们无须畏缩，大可进行同样小规模的军事行动，也不必担心行动失败所造成的更加严重的政治危机。这个决

---

　①　在第一次世界大战之后，奥斯曼帝国的领土被列强瓜分，而外约旦成了英国的托管地。到第二次世界大战之后，以色列建国，外约旦改名为约旦。

定当然由我们负全责，如果你不愿意执行该决策，我们会如你所愿做出安排，解除你的总司令之职。

1941 年 5 月 21 日

韦维尔复电称，他已了解情况，并解释说，已证明自由法国方面提供的有关叙利亚形势的情报是不准确的。因此，值此克里特岛、伊拉克和西部沙漠地区急需兵力之际，他才不愿意对叙利亚采取军事行动。

韦维尔将军致首相：

　　德国空军已进驻叙利亚，离运河和苏伊士比马特鲁港更近。因此，叙利亚的局势实在令人担忧。看来，（维希）法国现已完全投靠德国。经过和坎宁安、特德及布莱梅详细讨论后，我已向巴勒斯坦派去增援部队。我们都认为，必须做好准备对叙利亚采取强制行动，小规模行动是不会有任何效果的。目前，中东整体局势主要由空军力量和空军基地所掌控。由于敌军在希腊建立了空军基地，我军将很难守住克里特岛。如果他们在昔兰尼加、克里特岛、塞浦路斯和叙利亚也设立空军基地，我们将难以据守埃及。尼罗河集团军的目标是尽力迫使位于昔兰尼加的敌军向西撤退，阻止他们进驻叙利亚，并坚守克里特岛和塞浦路斯。以我们的兵力和空军实力而言，实现这些目标并非易事。我知道，你已了解情况，并想尽办法对我们有求必应，我军也正不遗余力守住中东。往后几个月，我们将历尽艰辛，但我们决不会丧失信心。

1941 年 5 月 22 日

我于次日复电：

首相致韦维尔将军：

　　感谢你的来电。当前我们大家举步维艰，须各尽所能来帮助彼此……

　　就叙利亚一事，我们重视的是你的意见，而不是自由法国方面的意见。你最好能让戴高乐向你靠拢，如需帮助，请告知我们。我们不能因为顾及叙利亚而在克里特岛战役中失败。因此，眼下只能采取下策了……

　　在伊拉克问题上，我们希望哈巴尼亚部队能很快进驻巴格达，并在那儿建立摄政政府。

1941 年 5 月 23 日

　　随着据守克里特岛的希望越发渺茫，我方越发关注德国可能会对叙利亚构成的威胁。5 月 25 日，韦维尔将军发来电报，他在报告中提出了"输出商"作战计划大纲。"输出商"是我们给当时叙利亚作战计划所取的代号。威尔逊将军正准备率军向北前进，随其前往的有澳大利亚第七师、自由法国军队、部分已摩托化的第一骑兵师以及其他部队。韦维尔预计最早能于六月第一周展开行动。德军已在黎凡特建立了空军基地，给我们造成了诸多危险，并可能会引发极其严重的后果，再加上德军极有可能借道土耳其展开地面行动。这样一来，后果就更加不堪设想。尽管如此，我们仍须把重心放在西部沙漠的"战斧"作战计划，努力取得关键性战果。

　　5 月 27 日晚，内阁国防委员会集中开会，共同研究中东整体局势。我将会议结果进行了归纳，并给韦维尔将军发了封电报。

首相致韦维尔将军：

　　……基于以下事实，我们决定立即在中东开展行动。

　　1. 敌军占据克里特岛后，便可穿过希腊及克里特岛西岸，打通昔兰尼加的直接交通线。如果我方空军无法驻守在昔兰尼加，就既不能切断敌军的这条交通线，也很难守住马耳他岛，而且要想继续切断敌军通往的黎波里的交通线，也绝非易事。

2. 如果敌军借道土耳其和（或）叙利亚发动进攻，他们在数周内无法取得实质性进展。

我们的首要目标是，必须在西部沙漠战役中取得关键的军事胜利，并拼尽全力，争取一次摧毁敌军的武装部队。

在此期间，德军由于遭到弗赖伯格的奋勇抗击，其空军力量元气大伤。趁其复原之前，我们应在叙利亚站稳脚跟。这一点，至关重要。因此，对于你在 5 月 25 日的电报中所提出的总计划大纲，我们予以批准。

1941 年 5 月 28 日

此后，克里特岛失守，西部沙漠兵力集中，我们的心情焦灼万分。于是，带着这样的心情，我们开始着手准备攻占叙利亚。

6 月 3 日，我给韦维尔将军发了封电报：

首相致韦维尔将军：

1. 请把你派往叙利亚之战的地面部队和空军的相关信息准确地电告我方。你将如何派遣波兰旅？看来，我们需要在一开始便尽量派出和彰显我方强大的空军力量，这一点十分重要。因此，正如在伊拉克一样，即使是破旧的飞机或许也能派上用场。

2. 克里特岛之战引起了一阵批评。此时，我不得不对许多问题做出解释。你不必为此担忧，只需一心致力于叙利亚战场，尤其要关注"战斧"作战计划。光靠这两件事就可应对那些公正与否的批评。"战斧"作战计划将享有的空军优势，远远超过你在数月内所能集中的空军力量。正如拿破仑所言：战争会回答一切。愿你一切顺利。

1941 年 6 月 3 日

5 日，韦维尔发来复电，告知我们将派出多少军队。他会尽可能避免战斗，进军之初，会开展宣传、散发传单并彰显我军威力。如遇抵抗，则派出最强兵力。韦维尔说，据他一直以来的估计，要想占领叙利亚，所需兵力为两个师和一个装甲师或至少几个装甲旅。因此，他肯定地认为，距离成功尚有一段距离，而且有赖于法国驻军和当地居民的态度。

*　　　*　　　*

我知道戴高乐此时正被许多困难而又复杂的问题所困扰，因此，我在双方联合进军叙利亚的前夕，满怀善意地给他发了封电报。

首相致戴高乐将军：

我向您致以最真挚的问候，并祝愿我们双方在黎凡特的联合行动中取得胜利。我们正想尽一切办法为自由法国提供武装力量支援，希望您对此感到满意。我相信您会同意此次行动。实际上，未来我们在中东所实施的整个政策，都必须基于双方的信任与合作。在对阿拉伯人的政策方面，我们必须保持一致。正如你所知，我们未曾从法国谋求过特殊利益，也不打算利用法国的悲惨遭遇来为自己争取好处。

因此，对于你允许叙利亚和黎巴嫩保持独立这一决定，我表示尊重。而且正如你所知，我认为，我们应当为该决定提供有力保障，这一点至关重要。而且我认为，我们切不可在解决叙利亚问题时，危及中东局势的稳定。但是，在此前提下，我们双方应不遗余力实现阿拉伯人民的愿望并顾及他们的感受。我相信，您一定会将此事的重要性铭记于心。

我们的心时刻与您和自由法国的士兵同在。眼下，维希政府已声名狼藉，只有忠诚和英勇的自由法国方可挽回法国的荣耀。

值此局势严峻之际，我不得不恳请您，别再坚持声明卡特鲁是叙利亚的高级专员。

1941 年 6 月 6 日

我一如往常地将情况详细地告知罗斯福总统。

前海军人员致罗斯福总统：

1. 明天晨间，为防止德军进一步侵占叙利亚，我方部分军队将进入叙利亚。成功与否主要取决于当地法国军队的态度。戴高乐所率的自由法国军队虽为主力军，但不处于有利位置。他以法国之名，向阿拉伯人民发表声明，允许他们完全独立，并为他们创造机会，成立三个或一个或三合一的自由阿拉伯国家。这些国家和法国通过签订条约，来保障彼此既得利益，从而建立外交关系。条约大致以英埃条约为模板。我方不再称卡特鲁将军为高级专员，而是称其为法国全权代表。

2. 对于即将发生的事情，我不知道维希政府会作何反应。就我个人来看，他们再也干不出比眼下更坏的事。然而，他们必然会对直布罗陀或弗里敦展开报复。如果你能继续向他们施压，我将不胜感激。我们只想在叙利亚取得战争的胜利，对政治丝毫没有兴趣。

1941 年 6 月 7 日

*   *   *

韦维尔为本次行动所调集的全部军队包括：澳大利亚第七师、第一骑兵师一部、刚从厄立特里亚调回的印度第五步兵旅，以及勒让蒂奥姆将军所率的自由法国军队。这支自由法国军队由六个营、一个炮兵中队和一个坦克连组成。起初，空军所能提供的支援仅有约七十架飞机。海军和空军将优先被派往克里特岛战场。为了向叙利亚进军，我方计划抽调出两艘巡洋舰和十艘驱逐舰，还有一些小型舰艇。当茨将军所率的维希军队包括：陆军方面，有十八个营，一百二十门大炮，九十辆坦克，共计三万五千人；空军方面有九十架飞机；海军方面，则有贝鲁特基地的两艘驱逐舰和三艘潜艇。

　　盟军负责打响攻占叙利亚的第一枪，夺取大马士革、拉亚克和贝鲁特。6月8日，盟军启程，起初他们并未遭到多少抵抗。谁也无法预料维希政府将打多少场仗。尽管我方无法发动奇袭，有些人却认为敌军只是在象征性地做出抵抗。然而，当敌军发现我方兵力薄弱时，他们或许只是为了保住军队的荣誉，便振作精神，奋勇反抗。自由法国的军队在距大马士革十英里处遭到阻拦，其东翼遭到敌军反攻，交通线受到威胁。澳大利亚师沿海岸公路前进，因为地势险阻，行军速度缓慢。由于遭到敌军两个营及其坦克的反攻，英国的一个营在库奈特拉被击败。海上方面，我军曾与维希的驱逐舰交锋，但对方快速逃跑了。9日，双方在海上进行了一次短暂交战，"贾纳斯"号驱逐舰被严重击伤。15日，两艘英国驱逐舰在炮击西顿时，由于遭到空袭而受损。但维希的一艘驱逐舰从西面驶近海岸时，被海军航空部队炸沉。

　　经过一周的战斗，韦维尔清醒地意识到有必要派遣援军。他设法为英国第六师的一个旅调集运输工具，该师此时已基本成型。6月底时，他再次派了一个旅前往叙利亚。除此之外，他从第一骑兵师（"哈巴尼亚部队"）抽调出一个旅，派其从南部穿过沙漠攻占巴尔米拉，该骑兵师曾参与攻打巴格达。韦维尔还命令驻伊拉克的印度第十师的两个旅沿着幼发拉底河上游，进攻阿勒颇。自6月20日起，他所采取的扩大战局战术开始奏效。经过三天的激烈战斗，21日，大马士革被澳大利亚师攻下。第十一突击队曾发起英勇攻击，来协助他们进军。该突击队深入敌后，从海面登陆。在此次行动中，他们的指挥官佩德上校和四名军官牺牲了，约一百二十名士兵伤亡，约为突击队总人数的四分之一。

　　经过7月第一周的战斗后，维希政府即将战败。当茨将军意识到，他的部队战斗力已到达极限；尽管仍率领着两万四千多名士兵，但已无法继续抵抗；空军仅剩不到五分之一。7 月 12 日上午八点半，维希方面派特使前来请求停战。我方予以同意，并与之签订了一份公约，于是叙利亚被同盟国占领。我方伤亡人数达四千六百多人，而敌军的伤亡人数约六千五百人。此外，还有一件令人不悦的事情有待解决。因战事被俘的英国士兵已被匆匆运往维希法国，到了那儿，他们必然会落入德军之手。当我方得知此事却无法实施补救时，我们把当茨将军和其他高级将领作为人质进行交换。我方最终达成目的，对方将俘虏遣送了回来。

*　　*　　*

　　叙利亚一战取胜，不仅大大提高了我方在中东的战略地位，而且粉碎了敌军的企图，使其无法自地中海向东入侵。这样一来，我方在苏伊士运河的防线向北推进了二百五十英里，土耳其也不必再为其南部边疆感到担忧。现在，土耳其若再次遭到袭击，势必会得到友好强国的援助。尽管为了便于叙述，我把伊拉克、克里特岛、叙利亚和西部沙漠的四场战役分隔开了，但切不可忘记，这四场战役同时进行，并且相互影响，从而产生了这宗危机四伏、错综复杂的事件。尽管如此，我们还是可以声称，英国及其军队在中东最终获得了不容置疑的重大胜利，而且实至名归。这应归功于英国和埃及政府。

　　克里特岛之战虽使我方损失惨重，但摧毁了德国空降军的主要力量。伊拉克的叛变最终也被镇压。我方临时调集的兵力虽为数甚少，但重新掌控了那片广大区域。由于情况紧急，我方攻占并征服了叙利亚。正如事实所证，该行动阻止了德军向波斯湾和印度进军。如果战时内阁和三军参谋长行事谨慎，没有将所有据点列为制胜点，没有将其意志强加于每位司令官，那么我们最后就唯有承担克里特岛之战的所有损失，而无法在经历那场艰苦而光荣之战后，收获随之而来的回报。尽管韦维尔将军已精疲力竭，但如果他对事态发展和我方命令感到惶恐不安，无法提供援助，那么无论是战争还是土耳其，未来的命运都将统统被改写。常言道，不要勉强自己做力所不能及的事，凡事量力而行。但正如生活与战争的其他原则一样，凡事都有例外。

还有另一场战役尚待叙述，即西部沙漠战役。在我和三军参谋长看来，该战役最为关键。虽未获成功，却足足牵制了隆美尔五个月。

第七章

SEVEN

"战斧" 计划

击败隆美尔的必要性——向塞卢姆和卡普措堡发起进攻——"虎仔"初期遭遇的困难——德军第十五装甲师抵达——哈尔法亚失守——"战斧"作战计划的准备工作——我方开始进攻——隆美尔未乘胜追击——奥金莱克将军接替韦维尔将军——一位总监——一封电报——奥利维尔·利特尔顿被任命为驻中东国务大臣

我们置身国内，心心念念想着在西部沙漠击溃隆美尔。无论军民，我们都一致认为此事至关重要。和我们对西部沙漠的胜利所寄予的那一线希望相比，昔日从希腊撤兵的悲剧、在伊拉克和叙利亚发生的骚乱以及克里特岛的殊死一战，这些都不值一提。此事在伦敦已无可非议。

当然，每天都会有其他棘手的问题等着韦维尔去处理。但就一事，他的想法与我们保持高度一致，即通过摧毁隆美尔的大胆进攻以解托布鲁克之围，从而弥补所有损失。此外，他已了解到，为了补足他在沙漠侧翼惨败时所损失的装甲车辆，我方所冒的风险究竟有多大。他会忠诚地执行"老虎"计划。我们给他派了近三百辆坦克，穿过地中海抵达目的地，他知道此举背后的深意。容光焕发的他并未忽视一条广泛原则：和日常生活一样，战争中的一切都是相对的。可以说，我们共同秉承的战略理念是正确的。我方有一名与隆美尔总部保持密切联系的间谍，他此时发来一条确切的情报，他说：隆美尔虽手握实权，但地位不稳固，面临着重重困难。我们心里清楚，即使他想明哲保身，也已身不由己。而且德国最高统帅部已给他下达严格命令，不要心存侥幸，坐失良机。

首相致韦维尔将军：

　　关于隆美尔发动进攻的地点是塞卢姆还是托布鲁克这个问题，由你和手下的将军根据战术自己来判断。"老虎"计划成功之时，便是你放手一搏之际。等一完成该计划，我会马上帮你抽调马耳他岛的"旋风"式飞机。一旦德国佬丧失主动权，危险指数便会降低。我们时时刻刻牵挂着你们。

　　　　　　　　　　　　　　　　　　1941 年 5 月 7 日

　　韦维尔掌握了我方所有情报后，试图化被动为主动，甚至想在克里特岛大战在即时击败隆美尔。因为此时德国那支声势浩大的第十五装甲师从的黎波里出发，一路长途跋涉，人员还未到齐，而且实际上敌军尚未将班加西开辟为捷径。因此，他甚至想在"老虎"计划所拨的坦克参战前，就向隆美尔的军队发动进攻。韦维尔和我在电报中，称这批坦克为"虎仔"。5 月初，西部沙漠的装甲部队仅由各两个中队的巡逻坦克和步兵坦克组成，这些坦克驻扎在马特鲁东南部。韦维尔希望 6 月初时，这支部队便可被训练成一支有力的打击力量。在他看来，他已找准时机，在"虎仔"准备就绪前先下手为强。他希望赶在德军第十五装甲师增援前，发动奇袭。

韦维尔将军致首相：

　　我已下令将闲置的坦克全数交给戈特部队，以便在塞卢姆地区发动进攻。此事正在积极筹备过程中，不久便可落实。除非"老虎"计划彻底失败，否则我不会取消此次行动……

　　　　　　　　　　　　　　　　　　1941 年 5 月 9 日

韦维尔将军致首相：

　　在实施"老虎"计划前，我已下令将闲置的坦克全数归属戈特部队，以便向敌军的塞卢姆地区发起袭击。我方应在这两天开始行动，我相信戈特有能力打败敌人的先头部队。

一旦成功，立即命戈特部队与托布鲁克守军联合起来，将敌军驱逐至托布鲁克西面。我本应等"老虎"计划所拨的部分坦克抵达后再实施此次行动，但我已等不及了，得在敌军获得增援前尽快采取行动。

1941 年 5 月 13 日

三军参谋长对我的建议表示完全赞成。如果国内无异议，我将倍感欣慰！

空军参谋长致特德空军中将：

1. 参谋长委员会今日已大体同意了你的分析，随后首相与我又展开了全面讨论。他不仅对总体安排十分满意，而且得知由你来指挥即将到来的这场关键而又复杂的空战后，他高兴不已。

2. 以下是我们就进度和各时期侧重点提出的总体意见，希望能有助于你，不会妨碍你的自由行动。

3. 考虑到时间和重要性，我方应首先在利比亚取得胜利。这场战争的胜负将主宰德军和伊拉克人对伊拉克局势的判断。

4. 对于伊拉克，我们的目标是要在巴格达重建友好政府，你应尽你所能提供协助，但切不可妨碍我军在西部沙漠取得胜利。

5. 此前认为，继利比亚小型战役之后，我方可能会实施"火炉"作战计划（对克里特岛的攻击）；随后，根据"虎仔"的情况，我们再另行部署大规模战斗。鉴于军事行动本身很复杂，"科罗拉多"（克里特岛）遭到袭击的时间可能会比预计的晚一些。你应将这种情况考虑在内，但不可基于此行事。

6. 为求一个明晰的结果，就算采取十多条明智的防范措

施也是值得的。就伊拉克、叙利亚以及巴勒斯坦的准备工作，我们日后再从长计议。我们的重心是沙漠地区所展开的军事行动，以此证明我们在其他地区承担必要的风险是势在必行的。

1941 年 5 月 14 日

*   *   *

戈特将军所率军队由第七装甲旅和第二十二警备旅组成，其中第七装甲旅配有约五十五辆坦克。该部此时正紧贴着壕沟内壁的上方朝着西北方向挺进。5 月 15 日，塞卢姆和卡普措堡被该部攻破，其左翼装甲旅则继续向西迪阿最兹进军。敌军很快展开反扑，当天下午重新占领了卡普措堡，使攻克该要塞的达勒姆轻步兵营蒙受重创。第七装甲旅只能撤出西迪阿最兹。敌军的实力远超我们预料，竟派出了约七十辆坦克。当夜，我们虽依然据守着塞卢姆，但已决定次日（16 日）全军撤出，只在哈尔法亚和西迪苏里曼的壕沟内部的隘口留下守军。

韦维尔并不看好此次行动。他说，行军之初，他已肃清了塞卢姆—拜尔迪耶地区的敌军。在此之后，敌军利用坦克发动反攻，迫使我军撤退至哈尔法亚。我们依然能够守住塞卢姆的前哨据点，托布鲁克守军的突击也取得了局部胜利。我们曾使敌军遭受重创。身处国内的我们听闻后十分高兴。

首相致韦维尔将军：

1. 此次行动结果令我们感到满意。在没有派出"虎仔"的情况下，你就发动攻势，进军三十英里，攻下哈尔法亚和塞卢姆，俘获了五百名德军，并使敌方的士兵与坦克遭受重大损失。比起我们所获得的战果，损失二十辆步兵坦克，伤亡一千或一千五百名士兵似乎不算严重。

2. 托布鲁克也传来了不错的消息，尤其是敌军的损失比我方更为惨重。显然，敌军很渴望拿下托布鲁克，因此当硝

烟散尽后，他们在报告中的满意之情溢于言表。由此看来，留在托布鲁克继续进行战斗至关重要。

3. 由于敌军无法忍受持续不断的激战，他们正将援军调至前线，试图重新稳定局势，此举正中我们下怀。我和迪尔都知道，敌人的处境极其艰难，因此我们俩信心十足，相信一直以来所承受的压力会有所回报。我们坚信，你一定会在塞卢姆和托布鲁克战斗下去。敌军无法像你一样，弥补不足的兵力。据我们了解，他们的弹药即将告罄。因此我们已能想到，你在这两地游刃有余地调遣那支强有力的机械化野战炮兵的时候，敌军却被迫耗尽弹药。如你方便，请指定你的某位下属，根据你们司令部了解到的重要事件与局势，每晚给我们发一份详细报告，尤其是在类似西部沙漠战役这种关系到世界局势的战事之际，更有必要这么做。对此，我们将不胜感激。

4. 你打算何时派"虎仔"参战？

1941 年 5 月 17 日

韦维尔将军致首相：

敌军实力超过了我们的想象，迫使我方退居守势，直至"虎仔"参战，可此事得等到月末方可实现。尽量多给"虎仔"一些时间，让他们能够适应当地的情况。但这也要依局势而定。敌军正在前线调集兵力，可能会继续前进。

你应该已经收到奥斯塔公爵投降的消息了，这实际上标志着东非战事就此画上了句号。

1941 年 5 月 18 日

* * *

5 月 20 日，韦维尔报告称，据了解，德军第十五装甲师的坦克营已抵达前线。这样一来，我们已无法在隆美尔获得增援前将其击败。

尽管事前已有所准备，但"虎仔"的一系列工作，如起卸、改装以及调整适应沙漠作战性能等，都被严重耽误了。许多步兵坦克运达后，发现机械性能不良。

> 韦维尔将军致首相：
>
> 　　感谢来电。我们明白，虽然我们在这儿肩挑重任，但与你所担负的英勇任务相比，根本不值一提……
>
> 　　"虎仔断奶"的工作进展顺利。但即便是老虎，也会患有"长牙时期的病痛①"。
>
> 1941 年 5 月 25 日

我的夫人说："我记得，由于新到的坦克无法立即投入战斗，契克斯的人有好几个星期天都感到焦虑甚至愤怒。"

*   *   *

然而没过多久，灾难就临头了。接下来的一周中，我方发现敌军频繁调动装甲车辆。从日后缴获的文件中，我们发现为了缓解托布鲁克的局势，隆美尔正计划发动猛攻，并决心要重新占领哈尔法亚并据守该地，加大我方反攻的难度。隆美尔将刚到达的第十五装甲师的大部分军力集中部署在卡普措堡和西迪俄马的交界线上，将一支小侦察队派往南面。哈尔法亚则由一个混合营据守，该营包括科尔斯特里姆警备队第三营、一个炮兵联队和两个坦克中队。除了派往南面的侦查巡逻队，我方其余的边界守军已向后方大幅撤退了。5 月 26 日，敌军向哈尔法亚进军，并于当晚占领了隘口北部的高地，从此地可以清楚观察到由科尔斯特里姆警备队据守的所有阵地。我方试图发起反攻夺

---

　　① 英国俗话，原意指婴儿初生牙时的不舒适，比喻事业开始时总会遇到暂时的困难。——译者注

回高地，但未能成功。次日早晨，敌军发起猛烈炮击后，派出了至少两个营和六十辆坦克进行联合进攻，导致我方这支人数不多的部队处境堪忧。后备部队由于离得太远，无法参战，故只能立即将其撤出。虽成功撤出，但损失惨重，只有两辆坦克能用，科尔斯特里姆警备队损失了八名军官、一百六十五名士兵。敌人达到目的后，设法在哈尔法亚站稳了脚跟。三周后，敌军所占领的阵地给我方构成了巨大阻碍，他们如愿以偿。

* * *

"战斧"作战计划虽仍在积极筹备中，但却仍有不足之处。

韦维尔将军致帝国总参谋长：

1. 战争胜负取决于装甲部队的作战实力，因此我方正把能调动的装甲部队全部投入"战斧"作战计划中。由于困难重重，我们一再延迟第七装甲师的整编工作。如果从马特鲁往前进军，最早也要等到6月7日，而且可能还会更晚。

2. 我认为您应该知晓，在我看来尚难判断此次行动究竟有多大胜算。我希望，此次战斗能成功将敌军赶至托布鲁克西面，并恢复我方与托布鲁克的陆上交通。只要有可能，我们应继续取得进一步的成功。但在近日的几次战斗中，有些问题令人不安。我方装甲车都是轻型装甲车，抵不过敌军战斗机的火力，而且由于装甲车上没有大炮，面对德军的八轮装甲车时毫无招架之力，后者有炮，而且速度也快。在这种情况下，我方的侦查工作举步维艰。我方的步兵坦克在沙漠作战中速度着实很慢，而且它们已被敌军强有力的反坦克炮击伤。至于我方的巡逻坦克，无论在威力还是速度方面，都远不及德军的中型坦克。我方仍存在太多的技术障碍。我们无法像先前对付意大利军队那样，即使兵力处于劣势，仍能

信心十足地应战。基于以上因素，我方获胜的概率可能不大，所以必须获得适当的装甲部队支援和充足的后备部队。

1941 年 5 月 28 日

5 月 31 日，韦维尔将军在电报中称，他在整编第七装甲师时，遭遇技术难题。故而他最早也要到 6 月 15 日才能发起"战斧"战役。尽管他知道推迟战役会引发危险，敌军会趁机派空军增援并向托布鲁克发起猛攻；但他明白，在即将来临的战斗中，坦克是主要进攻武器，必须制造一切机会使装甲师获胜，而且在等待中所获得的延长时间可以"大大增加成功的概率"。

此时，我心怀希望，却又忧心忡忡地等待着我方在沙漠中发起进攻。我们在这次进攻中所获的战果或许能使我们在整场战役中占据有利地位。我们又多花了两周时间来使第七装甲师熟练掌握"虎仔"。我担心，德国第十五装甲师在此期间已全部抵达隆美尔处。

这时，我们根据情报得知，德方已运入或正在运往昔兰尼加东部的部队包括：德军第五轻装甲师和第十五装甲师，意大利的阿里埃特装甲师、特兰托摩托化师以及布雷西亚步兵师。此外，另有一支意大利步兵师在德尔纳储备待用。德军很快启用班加西，他们的大部分军队已经可能通过该港补给了物资。

韦维尔在电报中称，敌军将其大部分兵力部署在托布鲁克前线，还有大约一百三十辆中型坦克以及七十辆轻型坦克。据估计，敌军在前线只部署了一百辆中型坦克，兵力相当于七个德国营和九个意大利营。因此我们认为，敌军将其三分之二的坦克力量部署在距边境后方七十英里处。如果驻守在托布鲁克的军队突围一次便能暂时牵制住周围的敌军，那么我军一开始便在边境的装甲车辆方面占了上风，坦克数量达到一百至一百八十辆。韦维尔回复说，此类估计并不准确。当前判断，有一点可以肯定，在此次边境战役中德军根本没有派出意大利坦克。他们避开我们的视线，顺利将大部分装甲车辆集结在前线。他们实际投入了两百多辆坦克，来对付我方的一百八十辆坦克。

＊　　＊　　＊

6月15日，"战斧"作战计划开始实施。克雷将军负责指挥我方装甲部队，梅塞维将军负责指挥印度第四师和第二十二警备旅，贝雷斯福德·皮尔斯将军则担任全军统帅，手下共计约两万五千人。起初，战事进展相当顺利。虽然驻守在哈尔法亚周围的敌军顶住了南北夹击，但到了下午，我方警备旅攻下了卡普措堡，俘获了数百名敌军。该警备旅的部分军队继续向塞卢姆西面的防御地带前进，但在那儿遭到敌军拦截。第七装甲旅为了掩护侧翼部队而继续行军，后抵达卡普措堡的西面阵地，在此过程中并未遇到敌军的坦克。6月16日，战事没有任何进展。哈尔法亚和塞卢姆的敌军坚守阵地，向我方发动攻击。下午，敌方火力强大的坦克部队来到战场，显然是要从西面包抄我方进攻部队。第七装甲师中无论是装甲旅还是支援部队，都前往战场解困。他们在西迪俄马附近与敌军交锋，但因寡不敌众而被迫撤退。在此情况下，原本由该师掩护的侧翼主攻部队陷入了危机。

翌日（6月17日），诸事不利。当天早晨，警备旅仍待在卡普措堡，直接面对塞卢姆。可敌方使用了一支火力强劲的部队便从他们手中夺走了卡普措堡，据称该部队配有一百辆坦克。第七装甲旅此时仅有约二十辆巡逻坦克可用，他们在西迪苏里曼附近过了夜。可是，敌军气势汹汹地朝着哈尔法亚进军，似乎有干掉我方警备旅之意，故而他们又得连夜撤出西迪苏里曼。针对此种威胁，克雷建议，第七装甲旅从南面发动进攻，而第四装甲旅则自北面进攻，不再同警备旅联合执行任务。然而，就在第四装甲旅刚动身之际，敌军另一支装甲纵队自西面开来，使警备旅侧翼陷入险境。这次进攻虽被我军第四装甲旅击退，但对方不断向我方施压。梅塞维跟克雷说，他不能调走该装甲旅，以免步兵被敌军干掉。

值此决定性的时刻，韦维尔将军飞抵贝雷斯福德·皮尔斯将军的作战司令部。他仍期盼，通过克雷的装甲部队发起的进攻来扭转战局。

韦维尔将军坐上飞机，飞向第七装甲师所在地。刚到目的地便获悉，梅塞维将军已自行做出决定，面对侧翼与后方的双重威胁（据他估计目前至少有两百辆坦克），为避免被包围，必须立即撤退。他已发布相关命令。既然已成事实，远在沙漠侧翼的韦维尔和克雷便同意了该决定。我方攻击失败了。在战斗机的掩护下，全军在撤退时有条不紊。敌军并未穷追不舍，部分原因必定是他们的装甲部队遭到了皇家空军轰炸机的猛烈袭击，然而或许还另有原因。正如我们现在所知，隆美尔命令其部队全部采取守势，养精蓄锐以备秋季之战。如果他现在穿过边境，对我方穷追猛打，而由此招致损失，则会直接有悖命令。

虽然派战斗机近距离掩护我方军队的这个策略行之有效，但使我方兵力更为分散，空军伤亡率也相应增加。第二天，由于敌军的空中力量加强，我们决定另行他策，一方面继续实施一定程度的掩护，另一面则派出大编队在更大范围内采取攻势。17日，当撤退开始时，敌方空军向我方发动了四次大规模空袭，其中有三次被我方战斗机击退。不仅如此，我方战斗机与轰炸机一起，时常在低空袭击敌军。毫无疑问，此类袭击不仅阻碍了敌军的行动，还使他们伤亡惨重。我方空军在撤退时提供了不少帮助，但由于太难区分敌我军队，也曾遇到一些困难。

我军在这三天的战斗中，仅伤亡了一千多名战士，其中一百五十人阵亡，二百五十人失踪。损失了二十九辆巡逻坦克、五十八辆步兵坦克。其中巡逻坦克主要是被敌军击毁，而损失的步兵坦克则大多是由于机件损坏，且没有运输工具将其拖回。据称，在敌军的一百辆坦克中，最精锐的部分已被我方击毁。我军俘获了五百七十名敌军，并埋葬了不少敌军尸体。

* * *

比起地中海历次战役，此次战役虽规模不大，但其失败却给我方带来了沉重的打击。如若沙漠之战获胜，本可以灭灭隆美尔军队嚣张的气焰。我们原可以解托布鲁克之围，敌军也极有可能如原先进军时那样，迅速退至班加西西面。在我看来，我们就是为了达到这个最终目的，所以才会不顾"老虎"计划所带来的种种危险。目前，我尚未得到关于 17 日那场战事的消息，但我知道再过不久就会传来结果。我前去恰特韦尔庄园，闭门谢客，想一人独处。在庄园里，我收到了战事的详细报告。我闷闷不乐地在山谷里散了几小时的步。

*　　*　　*

只要读者仔细读过韦维尔将军与我及三军参谋长之间的往来电报，就会对我 1941 年 6 月下旬所做的决定有思想准备。身处国内的我们意识到韦维尔已心力交瘁，可以说，这匹良驹在我们的催赶下已经走不动了。总司令一人承担了五六个不同战区的重大任务，面对各战区时成时败，尤其是失利的战局，军中鲜有人经历过这种精神压力。韦维尔对克里特岛的防务所做的安排，尤其是他再也没送坦克过去这件事，曾令我颇为不满。三军参谋长驳回了他的建议，主张以小规模兵力向伊拉克进军，幸运十足，不仅解了哈巴尼亚之围，还在该地区旗开得胜。参谋长的一封电报使韦维尔一怒之下申请辞职，虽然他辞职意愿不算强烈，但我依然没有拒绝。最后，关于"战斧"作战计划，韦维尔忠实地执行了该计划，不枉我为了成功运送"虎仔"所冒的那些风险。对于中东司令部在接受"虎仔"后所做的安排，我有些不满。为了派遣这批支援坦克，我们穿过了凶险至极的地中海，途中历经风险，运气还算颇佳。在这次小规模但可能至关重要的战斗中，我对他所表现出的精神钦佩不已。他完全将自己的生死置之度外，乘坐飞机四处巡查那片辽阔而混乱的战场，这种勇气令我肃然起敬。然而，正如前文所述，这次战役中，大家协调不畅。在托布鲁克突破口发动突击是一项必不可少的配合行动，从其惨遭失败来看，更加突出了大家行动协调方面欠佳。

与此相比，更为棘手的是隆美尔已攻破我方沙漠侧翼，导致我方

已着手实施的希腊用兵计划遭到破坏，被迫停止。这些计划虽危险难测，但成果却十分辉煌，因此被我们视为巴尔干之战中至关重要的一部分。伊斯梅将军与我朝夕相伴，他曾写下一段话："我方在中央工作的所有人，包括韦维尔的私交和顾问，都认为沙漠侧翼被攻破给他造成了相当大的影响。由于他的情报出了错，因此他完全没有预料到会遭遇那次突袭。我依稀记得艾登曾说过，韦维尔'一夜之间老了十岁'。"我想起曾有人这样评论过："韦维尔刚赢得的桂冠被隆美尔一把从头上扯下，扔在了沙漠中。"该想法并非出自真心，只是一时悲痛失言而已。如果要正确判断这一切，除了参考当时所记录下的确凿文件，还势必得根据日后陆续浮出水面的其他有价值的证据而定。那部分文件已涵盖在本卷中。但有一项事实无法改变：实施"战斧"作战计划后，我做了总结，得进行一次人事调整。

现任印度总司令是奥金莱克将军。在挪威战事中，他对纳尔维克一战的态度令我感到不快。此人似乎过于追求安全和稳妥，在战争中，要做到这两点完全是天方夜谭。他一心只想着，必须按照他所预计的最低要求来完成所有事情。然而，他的才能、风度以及高尚的人格让我印象深刻。他在纳尔维克一战后接管了南部战区的司令部。我从营地、官方以及私底下各方面听到了关于他的评论，他的确曾给那个重要战区带去了活力和秩序。他被任命为印度总司令后，人们交口称赞。正如我们之前所看到的，他派遣印度军队前往巴士拉时行动无比敏捷，也曾看到他为了镇压伊拉克叛乱而恪尽职守。我坚信，如果任命奥金莱克，等于向中东派了一位朝气盎然的新面孔前去执行复杂而艰巨的任务；另一方面，韦维尔可从那个实力强劲的印度司令部中赢得时间，趁迫在眉睫的新任务和机会到来前，养精蓄锐。我发现，伦敦内阁和军界人士并未有人反对我的意见。读者切记，我从未独断专行，我总是寻求政界与专业人士的意见并谋求一致。基于此，我发出了以下这封电报：

首相致韦维尔将军：

1. 我已得出结论，基于大家共同的利益，最佳方式便是

命奥金莱克将军前去接替你，担任中东部队司令官一职。你有一点令我钦佩不已，即无论是顺境或是逆境，你都能指挥自如。你获得的胜利将在英国陆军史上名垂千古，并且为我方赢得此次艰苦战争的胜利做出了重要贡献。然而，在我看来，你肩上已担了太久的重任，眼下的战场面临着最为严峻的威胁，需要由一位具有全新眼光的新手来指挥。我相信，印度总司令一职非你这位优秀军官莫属。此事我已征求过印度总督的意见。他向我保证，如果由你来接替这一要职，做这项工作，印度人民将热烈欢迎。他还补充说，如果能与这样一位"战功显赫的人"（他的原话）共事，他本人感到十分自豪。鉴于此，我打算向陛下举荐你。

2. 奥金莱克将军已受命立即动身前往开罗。等他到了以后，你应带他了解一下整体形势。眼看德军就要向东进军，你们二人应协商出应对措施。我估计他最迟四五天内便可乘飞机抵达。和他解决完各问题后，你应尽早动身前往印度。此事不必对外宣扬。你俩上任前要严守这个秘密。

1941 年 6 月 21 日

首相致印度总督：

请将以下电文转告奥金莱克将军。我已另外给韦维尔将军发去电报。

经过对整体形势一番慎重考虑后，我已决定让国王任命你为英王陛下驻中东的总司令。你应立即动身前往开罗接替韦维尔将军，而他将接替你担任印度总司令一职。你需和他商讨一下整体形势。眼看德军马上就要向东进军，你得和他共同商量出一些措施来阻止他们。抵达目的地后请告知我。在你就任新职前，须对此次调动严格保密。

1941 年 6 月 21 日

韦维尔冷静而庄严地接受了这项决定。那时，他正准备飞往埃塞俄比亚，经后来的事实证明，此举甚是危险。韦维尔的传记作者曾这样描述，他在读完我的电报后，这样说道："首相的决定是正确的，的确需要一位新手以全新的眼光来指挥这个战场。"至于新职位，他完全服从英王陛下政府的安排。

* * *

近几个月里，我方驻开罗的参谋数量显然过少，这让我尤为担心。我越发意识到，我们那位苦苦支撑的总司令承担了太多没必要的负担。早在4月18日，总司令本人和其他司令官就已一起申请减轻负担，并予以协助。对此，他的两位专职同僚深表赞同。"我们认为，应当在此建立一个权威机构，使其在英王陛下政府所制订政策的广大范围内，处理多个部门或地区的政治问题。当然，这个机构直接听命于战时内阁，而非任何一个部门。"艾登先生访问开罗时，他们曾深感如有政治高层在旁，办事便会颇为便利。他的离开让他们感到怅然若失。

6月4日，我任命海宁将军为"总监"，这一非常职务是我最近新设的。在帝国总参谋长出国期间，海宁将军曾为其代理过工作，故对战时内阁程序和战事整体情况较为了解。我希望，他能接替韦维尔，负责一切供给和技术事务。我打算让他对整个后勤机构展开仔细检查，尤其要注意那些大规模的坦克和飞机修配厂，以及正不断发展的铁路、公路和港口建设。这样一来，各相关司令便不必为琐事操心，只需一心忙于作战。

我儿子伦道夫曾随突击队出战。如今大部分突击队已分散到各地，伦道夫则正在沙漠服役。作为议员，他接触的人较多。他不常给我来信，但6月7日时，我收到从外交部转发来的电报，伦道夫在得到我方大使迈尔斯·兰普森爵士的允许与鼓励后，从开罗发来了这封电报，内容如下：

（私人密电）伦道夫·丘吉尔致首相：

> *如果没有一位足智多谋的专家亲临战场，进行日常政治与战略指导的话，我们对这场战役毫无胜算。为何不派一位战时内阁成员前来指挥整场作战行动？随之而来的不仅要有几名工作人员，还需两位能力超群者来调节供给情况、指导检查工作、负责情报和进行宣传。战场上，但凡是个有心之人都已意识到，有必要根据此想法来实施彻底的改革。仅仅调动人员是不够的，眼下时机已成熟，条件也有利，是时候进行体制改革了。恕我冒昧，但我认为目前的形势已糟糕透顶，要想取得成功，唯有采取紧急措施。*

说实话，看完这封电报后，我便打定主意。我在两周后发去复电："你在电报中所提的意见对形势有利，思维缜密。近日，我已对此反复斟酌。"紧接着，我便付诸行动。

1940 年 10 月，我曾请奥利弗·利特尔顿上尉加入政府，担任贸易大臣。我们俩自幼时便相识。其父艾尔弗雷德·利特尔顿曾于 1904 年担任鲍尔弗内阁的殖民地事务大臣，并且早在爱尔兰自治运动分裂前，他还是格拉德斯通先生的私人秘书。多年来，作为下议院议员，他可谓功勋卓著。因此，奥利弗·利特尔顿从小就在政治环境中长大。他曾在近卫步兵第一团服役，并参加过第一次世界大战中最艰苦的战斗，受过不少伤，也多次荣获勋章。我记得 1918 年，他被毒气弹炸伤时，我曾赴医院探望过他。那一次他十分幸运，毒气弹仅在他脚下爆炸后引燃了全身，如果那是一颗更为标准且致命系数更高的高爆榴弹的话，他肯定没命了。退伍后奥利弗便下海经商，成了一家大型五金公司的总经理。我心里清楚他品行十分出众，因此毫不犹豫便把他拉进议会并委以重任。在担任贸易大臣期间，他所取得的政绩博得了联合政府中各党人士的尊重。对于奥利弗在 1914 年提出的关于发放衣着配给证的提案，我并不太赞成。但我发现内阁和下议院均对此表示同意。毫无疑问，在当时，此乃必要之举。尽管作为下议院新人，他还有许多

东西尚待学习，但后来的结果表明，我所委任之人虽不同寻常，但却人尽其才。奥利弗在处事方面思虑极为缜密，因此在我看来，无论从哪方面看，眼下他都是出任战时内阁驻中东大臣这个前所未有的新职务的最佳人选。他的上任将很大程度上减轻军官们肩上所背负的重担。我发现，各政党的同僚们立即同意了我的提议。因此，我发了封电报，内容如下：

首相致韦维尔将军：

国王欣然应允，同意命前贸易大臣奥利弗·利特尔顿上尉担任战时内阁国务大臣，并让比弗布鲁克勋爵担任军需大臣。30日，利特尔顿上尉将和几位机要秘书一起乘飞机离开英国，并于7月3日抵达开罗。作为战时内阁驻中东代表，他主要负责减轻中东最高司令部的负担、处理所有非军事要务，并根据英王陛下政府的决策，立即就地解决诸多问题，由于这些问题牵涉到各部门及有关方面，必须向国内请示。此举与你在4月18日电报中所提意见大体一致，不过却更为深远。关于我给利特尔顿上尉所发的指示，详情见下次电报。

请在奥金莱克将军抵达后，将此事转告他和迈尔斯·兰普森爵士。在利特尔顿上尉抵达目的地前，要严守其行程与使命。

1941年6月29日

*   *   *

关于这些新安排及其引发的管理问题，应根据中东总司令的变动来进行调整。在发给罗斯福总统的电报中，我对以上情况做了详细总结。此时，总统正为该战场提供最为关键的物质支援。

首相致罗斯福总统：

我们决定更换中东总司令，理由如下：韦维尔战功赫赫，曾一举歼灭意大利全军，并攻占意大利在非洲所建的帝国；他曾誓死抵抗德军的进攻，在战役刚打响之际，同时从三至四个方面指导战事并献计献策。我坚信他是我方最为出色的将领。然而，虽不宜公开谈论，但我们知道，由于长期被委以重任，他已精疲力竭。而这个战区此时危机重重，需要一位精力充沛的将领以全新的视角来统筹全局。接替他职务的最佳人选只有印度总司令奥金莱克将军这位最出色的军官。我们确信，奥金莱克会给尼罗河流域的防务工作注入新的活力，实行严谨的作风，韦维尔也会成为一名受人敬仰的印度总司令。我方沙漠侧翼部队移至东面时，韦维尔将在印度所属的整个范围内，大力协助奥金莱克。同时他也将作为印度总司令来指挥伊拉克的军事行动。

韦维尔在接受这项决定时心怀感激，并说道：我方此次的人事调动、针对中东诸多问题所提出的新建议以及采取的新行动，在他看来都是明智之举。印度总督曾向我保证，韦维尔昔日显赫的战功会让他受到印度军方与民众的热烈欢迎。

目前，德军对中东所发动的攻势渐趋平静，我方可趁机更换总司令。与此同时，奥利弗·利特尔顿被任命为国务大臣，代表战时内阁进驻该战区，分担各总司令诸多额外的非军事任务，如处理与自由法国及埃塞俄比亚皇帝的关系、管理我方所攻占的敌方领土、宣传工作以及部署经济战等。驻中东国务大臣也将监督总监（另一新设职位）的工作，包括当地同美国供给物资的一切相关事宜。

总监（海宁将军）将接替陆军总司令，分担后勤和供应方面的具体事务。

我希望，经过这些人事变动，我方在中东所进行的活动能更有活力，进展也能更顺利，从联合王国、海外帝国和美国不断输入的大规模人力物力都能各尽其用。哈里曼定会把所有情况向你汇报。我们派了哈里曼前往开罗接待利特尔顿（现预计 7 月 5 日抵达），以便搜集各方情报，商量如何接收美国供应的物资。

附　录

首相以个人名义发出的备忘录和电报

1941 年 2 月

首相致经济作战大臣（抄送财政大臣、供需大臣）：

　　毫无疑问你已经考虑我们能做什么来阻止德国获得铜的供应，从事实上来看虽然德国能够用铝代替，但这两种金属总的供应将会严重紧缺。

　　据我所知，在南美铜矿中存在相当大的过剩产能。我听说，现在还没有证据表明铜已从南美洲运到德国，但去年南美出口约七万吨到苏联，十五万吨到日本，据估计其储存量足够一年的消费。显而易见，一旦德国消耗完它的储存量，它就会千方百计获得南美的铜。因此，最重要的是提前采取必要的措施阻止日本和苏联增加储存量，并切断德国获得智利过剩铜矿的途径。

　　我们正从加拿大、罗得西亚、南非和比属刚果进口约六十万吨铜。这些资源都在我们的控制之下，我们能够转向南美购买，不必担心德国会从我们放弃的资源供应地获得供应。

　　我知道你们一直在思考这个问题，也清楚财政部对于我们是否应该把资金用在抢购方面持有怀疑态度。希望你们能在报告中提出你们的计划。

1941 年 2 月 1 日

首相致伊斯梅将军，转参谋长委员会：

"玛丽"（吉布提）或许是非常有价值的一次军事行动。塞内加尔人不应该被派往埃塞俄比亚，而是应该把他们留在外籍军团。那么你们认为应该把他们留在什么地方？如何安置呢？

一定要注意，魏刚随时都会向我方靠近，在这种情况下自由法国军队会进入吉布提，去鼓动那些立场不坚定的驻军，甚至会向意军开火。

我们将可能取得另一种有利的局势：如果我们向厄立特里亚进军，结果就能使英军与在吉布提的法国移民取得联系。无论如何，既然这件事很可能会有对我们有利，而我们此时还无法掌控自由法国军队，那将会是一个大遗憾。至于政治方面的后果，只能在发动战事的几天前才可以作出判断。

1941 年 2 月 2 日

首相致陆军大臣：

请阅读一下 2 月 4 日的《泰晤士报》。据报道，上至将军下到士兵，强制这个师一律参加三点五千米越野赛跑是确有其事吗？军事参议院认为这是一个好方法吗？在我看来实在是太过分了。只是为了和年轻小伙子竞赛，一位校官或将官就在野外一下子跑三点五千米，他们不应把自己搞得筋疲力尽，而是有责任保持自己身体健康强壮，但更重要的是替手下士兵们着想，考虑到士兵们的安全或舒适。这个师的司令是谁？他亲自跑了三点五千米吗？如果是，那么比起行军作战他更适合去踢球。拿破仑能在奥斯特里茨①的郊区跑三点五千米吗？恐怕是别的人被他逼得跑路吧。基于我多年的观察经验，拥有运动员身体素质的军官不一定是成功的军人。

1941 年 2 月 4 日

---

① 奥斯特里茨，位于捷克斯洛伐克的布尔诺的东南，拿破仑曾在该地击溃俄奥联军。——译者注

首相致伊斯梅将军，转陆军大臣和帝国总参谋长（抄送本土部队总司令）：

有一种说法称不论情况如何紧急，或预先准备工作做得如何详细，要从大不列颠调一个师到爱尔兰去，就一定要用十一天的时间。你必须要密切关注这种说法。当我们想起去年 5 月期间，在敌人不断袭击下，大批部队从敦刻尔克转移到多佛尔及泰晤士河时，就明确地感到人员的调动不会成为阻碍因素。因此，问题就在于大炮与车辆的运送。这确实值得特别研究。请把这十一天精确的日程安排表（内容要说明人员、大炮和车辆登船的次序）递给我看看。从这个程序表中大概就可以看出，不出十一天的时间这个师的大约百分之九十的人员就可以参加作战。另外还有一个办法：可以从我们本国的储备中调出一部分的运输车辆、军需物资，甚至一些大炮，包括轻机枪战车在内，事先运到爱尔兰去；如果在那里用不着的话，那也是我们的东西。既然我们现在时间还充裕，那就可以想些巧妙法子，在两个设备良好的港口之间（航程仅仅需要几个小时）运送一万五千名士兵，来缩短这十一天的运输时间。必要时可适当修改既定的编制标准，这样军队就可以迅速调动和部署到重要战术目标。

我们必须牢记，在最近的称作"胜利者"的演习中，（我们假设）有五个德国师，其中有两个装甲师、一个摩托化师，面对我军的顽强抵抗，于大约四十八小时之内在空旷的海滩上，而不是在有码头和起重机的港口上完成登陆。我们假设德国人能够完成，或者只能完成二分之一的进度，那么，我们就必须把这种情况和下面的说法来做对比：从克莱德河口调一个师到贝尔法斯特需十一天。再加上参谋长委员会的说法，他们说，一个英国师在无抵抗的情形下，需要三十天的时间沿着丹吉尔的码头登陆。在"胜利者"演习中，为德军设计登陆的那些军官们或者可以提出一些建议，怎么样可以在十一天以内，就把这一个师经由贝尔法斯特运到爱尔兰。

是由哪些军官来负责拟定用十一天来完成这项调动的详细办法？让那些安排大量德军在我们的海滩上迅速登陆的军官们与将整师的装

甲部队和摩托化部队在四十八小时内即能完全处于作战状态的那些军官们互相交流一下，这才是比较明智的。

　　显然，最明智的做法是尽量不要在短期内对这个师进行调动，要想在最短的时间内把这个师的最大部分兵力调到爱尔兰参加战斗，我们需要拟定出最完善的计划。在做好这项调查研究之前，我不打算批准调动这个师的请求。我们认为敌人所能做到的，和实际上我们自己所能做到的存在着很明显的差距，因此我们必须努力弥补这种差距。

1941 年 2 月 4 日

首相致内政大臣：

　　我认为让士兵或适龄从军男子来担任烟幕防护工作是错误的。你应当想办法利用超龄的志愿人员，或者妇女、少年。未来会大量需要现役人员。

　　对于你目前向陆军部提出的要求，我是不支持的。

1941 年 2 月 5 日

（即日办理）

首相致海军大臣和第一海务大臣：

　　1. 有几支装载着极重要的军火的运输船队即将到达。你们境况紧张我能理解，但我相信你们会做出最大的努力。

　　2. 我们得到一批赠品：二十五万支步枪和五千万发子弹——零点三英寸口径的步枪子弹。现在的主要任务是迅速、安全地把这些武器运到这里。我希望你们和其他有关方面研究这个问题，然后向我报告研究结果。一艘船上尽量少装武器，绝不能让一艘船装载五万支以上来福枪或一千万发以上子弹。

1941 年 2 月 5 日

首相致农业大臣：

　　高达五十万吨的北爱尔兰马铃薯可能因为滞销而不得不销毁。由于养猪数量锐减，饲料会大量剩余，你的这些担心我都知道。

我留意到你对粮食政策委员会第五次会议仍抱有希望，但你只对二十万吨北爱尔兰马铃薯提出了具体的建议，而你这样做只能解决一半问题。

一方面担心饲料真的会大量剩余，而另一方面又要害怕因饲料不足会让养猪数量锐减，这实在是令人头痛。我相信总会有办法充分利用这些过剩饲料。把几十万吨食物浪费掉，我们实在是耗不起。

1941 年 2 月 6 日

首相致空军参谋长：

不久前我们要求希腊为十四个空军中队准备飞机场，现在这项工作仍在进行。另外，经过多次交换意见后，你提议派遣十个中队到土耳其，这项提议土耳其方面还未接受，但是他们可能会接受。土耳其总统在收到我的电报后已提前结束他的旅行。假设他们真的接受了这个提议，我们已经把五个中队分给了希腊，而希腊如果还提出要更多的援助，你将如何应对？我认为你必须严肃认真地思考这个问题。我也会尽力帮你。

但是事实上我们这么做是否等于将同一头猪承诺卖给两个顾客了呢？我们或许可以从法律上对"承诺"这个字眼进行诡辩，但是我认为我们必须更深入地去看这个问题。请把你的想法，以及你想到的可行措施告诉我。

目前还没提到时间或优先次序的问题，所以在这方面我们大有周转余地。

1941 年 2 月 6 日

（即日办理）

首相致海运大臣：

"新多伦多"号轮船在抵达利物浦后，奉命继续往北开往伦敦，这一情况是否属实？因为船长的抗议，他指出船上载的货价值巨大，尤其是仅手提机枪就有一万九千六百七十七挺，子弹有二百四十五万六千发,这才取消了这项命令,情况是否属实?但凡这种载有大量高价值军火的船只抵达的时候,你都要特别留心。

请务必向我提交一份报告。我会把一份即将抵达的船只名单随信附上,我一向根据这些材料掌握这些重要货物的动向。上面提到的那艘船在第五页。

1941 年 2 月 11 日

首相致海军大臣和第一海务大臣:

我希望每隔两天就能看到一份关于"狂暴"号情况的报告。为了让它能尽快服役,请日夜赶工。这是当前最为紧迫的任务。

1941 年 2 月 12 日

首相致外交部:

我们已向魏刚提出了重大的建议,但目前还没有收到答复。显然,只有纳粹党人对维希实行武力,以此施加压力,才能让他有所行动。

我们目前对他不应采取恳求的态度。直到他通过某种途径答复我发给他的电报,否则我们不会向他供应物资。这些人至今不曾表现出一点高贵或勇敢的品质,在他们神志清醒了之前,最好缩减对他们的粮食供应。

在海军方面条件允许的情况下,必要时应实行临时封锁政策。

1941 年 2 月 12 日

(即日办理)

首相致伊斯梅将军和布里奇斯爵士:

我见到一种新的标记(在电报稿上):"仅供军官阅读。"

我觉得这个办法是不妥当的,考虑到还有很多不是军官的人,他们也对最机密的事情享有知情权。我不知道这种现象是因为什么而开始的,请告知。现在我坚决认为它不应该继续实行下去。

1941 年 2 月 12 日

首相致枢密院长：

伯金博士（在他的信里，对政府机构的老板作风表示不满）说得非常正确，因此用官方说辞来敷衍他是行不通的。我建议你去拜访一下他，并处理他提出的问题。我听到很多案例，都是关于政府无法担当责任、公平待民的。在我看来，伯金博士的信可能是刺激这些政府部门的良好契机，让他们重提干劲。人在大权在握的时候是不会明白普通老百姓是如何看待一些恶劣事情的。伯金博士人很能干，又有着丰富的经验。你是否让他畅所欲言，看他可有什么建议？我看他所提某些意见很有见地，你看他是否可以举出一些实例来？

1941 年 2 月 12 日

首相致军需大臣，转进口管理局：

我想连同大炮和必备的车辆，派遣一个完整的步兵师，随同 W. S. 第七号运输船队前往中东。对此，我比较着急。可用这些步兵替换运输船队的人员，将其安插进去，但是运送大炮和车辆则需要另备船只。我听说，除了用于装载陆军部原来就准备让这个运输船队运送的四百五十辆车辆所需的船只以外，还需要八艘汽车运输舰。

我明白，如果要使这些船只与运输船队同时，或者等运输船队到达后不久驶抵埃及的话，装船工作就必须在 2 月 21 日前后开始。请你认真思考我们如何才能弄到这八艘船只，并向我提交一份报告，内容是关于用什么办法以及这对于进口工作会有什么影响，但先别采取行动。

1941 年 2 月 14 日

首相致帝国总参谋长助理：

从你的报告看来，人们会以为一切都进行得非常顺利，（关于多佛尔的防务）没有任何令人不满的地方，但我在当地遇到的那些负责军官们绝对不是这么认为的。他们满腹牢骚，话语里透着不满，我感到很痛心。我希望海防炮队司令能每个星期给我递交一份报告，这项报

告可以先到你处，再转到我这里，你如果有什么意见可以加在上面。

1941 年 2 月 15 日

首相致爱德华·布里奇斯爵士：

（特别指示，只能给战时内阁和陆海空军各大臣传阅）

去年 9 月间，我们研究了（白厅在空袭时易遭破坏的）种种情况，从中得出一个结论，即我们可以在伦敦战斗到底。现在虽说各栋建筑还远远算不上是安全，但也改善了不少。迁都的确难度太大，但是另一处大本营所在地一定要在 3 月 1 日以前弄好，以备随时使用。我一直担心的是，本土部队总司令部除了他们住的房屋结构相当坚固、可以提供一些保护以外，就没有任何其他保护设施了。

请问在离中央作战指挥室一千码以内的地方，曾落过多少颗炸弹？有人说我们防御准备工作没有做到位，我个人是不同意这种说法的，但如果敌人有可能用二千磅，甚至五千磅炸弹轰炸，我们一定要提前做好准备。

应快速投入更多的精力去掩护本土部队总司令部。

1941 年 2 月 15 日

首相致经济作战大臣：

我赞同（在法国和比利时用作宣传的）联系传单，但你和新闻大臣为一边，戴高乐为另一边，这两边之间的密切联系是所有工作的出发点。我们绝不可对戴高乐限制过多。

我们从来没有在维希方面得到丝毫优待，甚至连一点礼遇也没有，所以我们的主要政策仍然是促进法国自由运动。我很确定，如果你同戴高乐或他的人员去商量，一切问题都会得到圆满解决。我认为眼下相互竞争的法国人当中戴高乐是表现最好的一位，所以我希望你们能尽可能地照顾他。

1941 年 2 月 16 日

（即日办理）

首相致陆军大臣和帝国副总参谋长：

1. 我认为把这个师调去（北爱尔兰）是不合适的，特别是在我们有可能把第五十师调走这种情况下。

2. 同时我们应拟订计划，以便在迫不得已要调遣时能够按照需要加快调动速度。这些计划应包括：（1）海军部反对使用默尔西河口和克莱德河口的意见，要重新考虑一下。难道就没有可以用作停泊的小型港口了吗？（2）能不能在安排调动工作时先安排四天的预备期，在这四天里将额外的车辆运输舰集中起来？（3）反对调动部分车辆的意见还需要进一步研究。比如说，如果这些军队还在英国，可以再配发给他们另外一批车辆，以便练习使用，然后，可以把这一批或是把旧的一批运到爱尔兰去。我相信从汽车的机动储备中肯定能抽出一部分来满足这样小量的需要。在斯劳等地的汽车运输库稍作搜索、缩小范围，就一定能够得到所需要的车辆。

3. 这个师在调动时有十一天的时间不能作战，我们一定要把其中的五天给省出来，要不然说什么我们也不会满意的。必须将这个时间段缩短成六天，但是也许各方面都希望能收到适当的预防通知。

1941 年 2 月 17 日

首相致陆军大臣：

对于这批优秀士兵（在巴勒斯坦的骑兵师）的遭遇，我深表遗憾；陆军部除了在 6 月间把他们全部遣送回国开始进行训练之外，想不出其他更好的办法，这意味着他们将长期不能参战，我对此也感到很怅惜。帝国总参谋长所说的"深秋"，想传达的确切意义是什么？

在此期间，这个师可能需要担负下述任务中一切必要的工作，如保卫苏伊士运河、维持秩序等，如必要也需要护送战俘，这样能替换出一些英国营来参加作战。

在 1941 年 7 月 23 日第一骑兵师已更名为第十装甲师，但很久没有在战场上出现了。1942 年春季该师的坦克被抽去补充第一和第七装甲师的作战损失。1942 年 8 月，它的司令部和一个旅（第八旅）开到前线参加阿拉姆·哈勒法战役。另一个旅（第九旅）附属于新西兰师内，随后参加了阿拉曼战役。

1941 年 2 月 17 日

首相致伊斯梅将军：

如果日本进攻英属哥伦比亚，那么要如何应付那里的日本移民？这当然是属于加拿大政府的事务，但是我也很有兴趣知道在这个自治领内是否有足够的军队可以调用。大约三十年前发生反日暴动时，日本人组织严谨，顽强抵抗，后来他们完全控制了局势。

1941 年 2 月 17 日

首相致外交部：

当前这种局势发展（任命达尔朗海军上将为贝当元帅的继承人），我是既疑虑又不安。维希方面对待我们极不友好。站在我们的角度来看，让赖伐尔当继承人比达尔朗要好些，达尔朗是一个危险、刻薄和野心勃勃的人，并且又没有赖伐尔那一身臭名。我认为现在对这类人一定要采取强硬态度，只要我们有船了就要实行封锁。目前对待戴高乐将军和自由法国运动，不应该以冷淡处之，只有这些人还帮我们做了事情，而且我们也和他们订下了非常庄严的约定。应将重点改变一下。

请让戴高乐总统看到我的电报。

1941 年 2 月 17 日

首相致亚历山大·卡多根爵士：

关于艾登先生反对驻外代表向外交部拍发冗长电报的命令，请再次注意。

一个外交代表是否热情和有效率，是以他所提供情报的质量而不是数量来衡量的。他必须先自己筛选一遍，不要一听到什么互相矛盾的闲谈八卦都一股脑地经过拥塞的线路向我们发来。消息太多就很难看清事情的真相，一个人不能只见树木而不见森林。把"背景材料"成袋地送来，没有好处。

1941 年 2 月 17 日

首相致参谋长委员会、陆军大臣和帝国副总参谋长：

1. 我们千万别理解错了"师"这个名词。一个师是由各个兵种集合起来，成为一个整体用来对付敌人的一个战术单位。将几个师合起来而组成军、集团军和集团军群，编制越大，所拥有的军队则越多。在不可能将一个师作为一个整体来使用的地方，或将师作为大于师的建制的一部分来使用的地方，则不存在上述特点。虽然为了便于执行行政任务，对于负有特别任务的、相当于一个师的军队，可以给予师的名义，但我们不要因此而有所误解。

2. 例如，我们说到冰岛的一个"师"，但是千万别把这个师和那些对德国人作战的师同样看待，否则这就很荒谬了。我们现在知道这个师必须做什么、是怎样分布的。它分成几个守卫队，驻守在一片广大土地上的各个登陆地点，毫无疑问，它有一部分机动部队，可以迅速到达任何受威胁地点。它的炮队和师以外的部队，以及补给线上的勤务，应当按照适合于冰岛的实际任务的规模来组织和分配。把它称作"冰岛部队"就合适了，它丝毫不像一个常规的师。在某个方面它可能需求较多而在另一方面可能需求较少。

3. 非洲殖民地师，确实完全不应叫作师。没有人考虑让他们对阵一支欧洲军队。他们是由一大批西非和东非的步枪兵组成的，这些步枪兵被编成营，有时为了执行行政方面的任务被编成旅。我们现在可以预料到，几个月后北非意大利军队就会被肃清。在那以后还会有什么敌人来和这三个非洲殖民地师对阵呢？只要是熟悉这些广大地域的人都可以看出，这些非洲"师"将分散到多个小的哨所和要塞去，但留有一些包括装甲车等在内的机动部队。至于说向他们提供师或军所拥有的炮队并按照英国标准配上一部分补给线军队，这种想法是不明智的。在像利比亚这样的遥远北方，由于气候偏冷，则不能使用这些军队。我们不能说在埃塞俄比亚一"解放"以后就去控制他们。的确，人们都在想象整个东北非会很快地回到和平时期的情形。因此，我不能承认这三个非洲殖民地师为师。他们实际上不过是非洲防卫部队里的一些杂牌军队而已。

1941 年 2 月 17 日

首相致帝国副参谋长和作战局长：

韦维尔将军有三十一个英国正规营，其中我所能算出的，大约只有十五个营编了师的建制。如果我说错了，请指正。不过是让他为克里特岛和马耳他岛找几个营，就要这样为难，这着实让人吃惊。如果要把西非旅从肯尼亚调到弗里敦的话，那么，可以把现在那里日渐退化的两个英国营并入尼罗河集团军。

护送俘虏到印度去的三个营、现在巴勒斯坦尚未使用的整个义勇和正规骑兵师、据说还没有按照正规编制标准装备的大批澳大利亚部队、波兰旅、正在等候编入还没有受到任何损伤的特遣部队——如果对上述所有这些部队巧妙地、省力地加以利用，这都是大量的兵力来源。

在东非有英国营吗？

请协助我研究这些问题。

1941 年 2 月 17 日

首相致运输大臣：

我听说，负责对"新多伦多"号做出卸货或转移港口决定的那些人，竟不知船上装的是什么货物，这让我大为吃惊。对于装载大批军火驶来的船只，我每次都是要亲自核对的。你没有及时地取得这类船只的清单，也没有亲自监视这些重要货物的运输吗？如果还没有请即刻做出安排，并向我报告何时安排完毕以及安排的具体办法。

1941 年 2 月 18 日

首相致劳工与兵役大臣（抄送军需大臣）：

我们的弹药非常缺乏。生产完全由于装药的原因而受阻，而装药又因劳工的关系受阻。以目前我们所拥有的这些工厂，如果我们可以给工厂提供劳工，到5月中旬我们就可以增加两点五倍的弹药产量。

需要增添的劳工：

单位：名

人员	截至3月31号	截至5月中旬
熟练的男性劳工	340	940
其他男性劳工	9100	20100
女性劳工	22500	40900
总计（预计）	32000	62000

你们在提供这批劳工方面有何困难，以及为了克服这些困难正在采取哪些措施，请告诉我。

1941年2月20日

首相致军需大臣：

如果已做出把目前航运数字和基于拟定消费计划的数字更紧密地联系起来的方案，还真是令人满意。

期间，尽管需求量增加了，但似乎在本季度的头五个星期中对消费者的钢的交货率并不比过去的三个季度要高。

在过去七个月里，我了解到钢的输入额相当于二百三十万净吨，钢产量相当于五百一十万净吨，而交与消费者的数量只有六百一十万净吨。显然多出了一百三十万吨，如果能够把这些多余的部分提供给消费者使用，情况不就可以大大地缓和下来了吗？

据我了解铁矿砂的输入额仍然超出了原定计划，而钢和其他货品则少于原定计划。从航运的角度看，这就有点奇怪了。

1941年2月20日

首相致石油管理委员会秘书：

之前送来的报告称，1 月 11 日前的一周石油输入额很低，而现在 1 月 11 日以后的输入额仍然很低，只达到去年 1 月份输入额的一半并且只够消费量的一半。

我相信你们正在采取措施尽可能从美国取得石油，以避免从波斯湾绕道好望角长途运来。可以同美国生产商人商洽，让他们的东方购买者从波斯湾、缅甸和荷属东印度取得供应，以补偿运给我们的相应数量的石油，同时采取一些办法以保持信誉。

1941 年 2 月 21 日

首相致加拿大总理：

读完了你于 2 月 17 日在加拿大下院的演说词后，我感到很高兴。你让人们对将来一次极其严重的动荡提前作了心理准备，这是十分正确的。想到比起去年秋天，我们现今可是准备得充分了许多，心中甚觉快慰。

还想和你说，因为你在 2 月 2 日的广播中列举了你所搜集的强有力事实，这里的每一个人都备受鼓舞。你们这儿的船舶和飞机都在为伟大的事业奋斗。你们的空军训练计划是战争中一项重要因素，并且可能是决定性的因素。你们制订的陆军计划帮助极大。上星期我同麦克诺顿共进午餐，并且同他和他的重要军官们就加拿大军团问题相谈甚欢，这些军队已驻扎在我们的国防重地上。陆军大臣现在和我一起，他对这一切表示认可并向你致以最亲切的问候。

看到整个英帝国同心协力，这是多么欣慰。请相信我，朋友，我明白你获得成功的理由，是你一直引领着加拿大努力作战。

1941 年 2 月 21 日

首相致陆军大臣：

1. 陆军规模是五十五个师，再加上一个额外的南非师，这是经过批准的。而我的意见是要减掉三个非洲殖民地师；战术师的总数为五十三个，其中有十一个应当是装甲师。我看这个目标目前就没必要变了。

2. 在今后六个月内，陆军需要的人数是十三万人而劳工大臣准备提供十五万人。目前先决定只接收六个月，等我们对作战的规模和性质了解得更清楚时，再重新研究一下局势，你觉得这样是不是更加谨慎些呢？

3. 能不能告知我你对于劳工大臣报告有什么意见，也请你顺道把林德曼教授为我准备的几份文件（将作为密件处理）的意见告诉我。对装甲师进行比现在更大规模的扩充，我是最赞同不过，但是现在还没有必要做出决定，因为眼前的困难在于坦克和反坦克炮，而不在于人员方面。

4. 我一定会想尽一切办法支持陆军的，这点请你放心，但我要确信陆军内部整顿好后才给予支持。

1941 年 2 月 22 日

首相致亚历山大·卡多根爵士：

这一切都证明我们应当继续支持戴高乐将军，这样的支持还得更多。我无法相信法兰西民族会将任何一个获得德国人高度评价的人认作国家元首。我们应当耐心说服华盛顿，让他不要把粮食供给法国未被占领区或北非。为此，我们的驻华盛顿大使就要先了解人们对于维希—魏刚行为的种种不满情绪。我很确定达尔朗就是一个野心勃勃的混蛋。

他的行为和魏刚的软弱无能，会渐渐浮现在人们眼前，由此戴高乐的声誉就一定会大涨。

1941 年 2 月 23 日

首相致帝国副总参谋长：

请告诉我目前在印度的旧式枪炮的种类有哪些，以及每个种类各有多少。我希望那里成立的一些新兵团用能够发射二十五磅炮弹的大

炮来进行加强训练，不过实际上，当地有现成的未经改制的旧式大炮，能发射十八磅炮弹，已足够使用了。另外，我估计印度的那些老炮兵团队（不包括在那四个师的炮队之内），已经定期获得枪炮的补充了吧。印度那里还有没有旧式枪炮的储备了？

1941 年 2 月 26 日

首相致伊斯梅将军：

请告诉我在马来亚的军队和在新加坡的驻军的分布情况以及实力，并说明那里的军事编制情况。

1941 年 2 月 26 日

（即日办理）

首相致海军大臣和第一海务大臣：

据报告，原定于 3 月 2 日驶抵尤湾的"加尔各答"号将驶往哈尔，并于 3 月 9 日抵达。绝不能让这艘船往东海岸的方向走。船上载有一千七百挺机关枪、四十四台飞机引擎和不下一千四百万发的子弹。这些子弹对于大不列颠的防务极为重要，而这项防务的很大一部分已由海军委托陆军和空军担任。到这个时候竟然还有人提议让这样一艘船驶往东海岸，更别说途中的种种附加风险，这着实让人厌恶。我现在正要把这份备忘录抄送运输大臣。

目前还有另外一艘非常重要的船只——"幼利阿底斯"号，应该会在 3 月 3 日抵达利物浦，这艘船载有九百多万发子弹。

对于这两艘船只该怎么处理，我希望你们向我提交一份专题报告。

1941 年 2 月 28 日

1941 年 3 月

首相致陆军大臣：

当我听到运送加拿大军队的船队已经把那二十五万支步枪和五千万发子弹安全运送到目的地的消息时，我感到很欣慰。我提出让海军放弃零点三零三英寸口径步枪并且换用美国的零点三英寸口径步枪的建议，有人在别的报告中向我提出：如果把新运到的美国步枪交给在英国的驻军，腾出二十五万支零点三英寸口径步枪来，以备正规军之用，可能会有更大和更好的变化效果。我推测现在就可以这么办。上次美国步枪运到的时候，我们曾像这样做了一次演习，并且准备了专车等候。现在我希望你要快速准备为这批新的意外收获进行一次演习，以便这批武器能够第一时间交到需要它们的人手中。

　　你最好让我知道你是怎样安排的。

1941 年 3 月 1 日

首相致殖民地事务大臣：

　　同大多数英国军官一样，韦维尔将军是坚决亲阿拉伯的。

　　在向那些乘船遇到困难的非法移民发许可证的时候，他发来一封电报，比这一封的措辞还要激烈，在电报中，他预测阿拉伯世界将发生普遍性灾难，在这灾难的影响下巴士拉—巴格达—海法这一条路线也会消失。这封电报以及我的复电应当取出来仔细看看，我在复电里驳斥了韦维尔将军，并向他解释了内阁做出决定的理由。一切顺利，没有人持反对意见。

　　根据上述内容看来，我完全没有被这一切胡言乱语打动。在看到最近获得的胜利的情况下，阿拉伯人现在是不会制造任何麻烦的。然而，因为"光辉"（援助希腊）这项政策，如果在这个时候韦维尔将军因为在一些无关当前战局的问题上争论不休而感到烦恼，这是我不希望看到的。因此，应当告诉韦兹曼博士，把犹太部队的计划推迟六个月，不过在四个月后可能会再考虑一次。到时只要说缺乏装备就可以了。

1941 年 3 月 1 日

首相致国内安全大臣、新闻大臣和空军大臣：

　　在过去的两个月内，空袭已大大减少，并且我不明白我们之前经

过深思熟虑得出的用来度过 7—11 月（包括 7、11 两个月在内）的办法，现在却不用了，什么原因？我并没有意识到这对公众士气产生了什么"消沉的影响"，而且事实上，我认为用这些方法能很好地解决这项问题。因此，正如目前有人向我建议的那样，我要坚决反对改变我们用以应付敌人对平民的狂轰滥炸（现在敌人也许已经不这样做了）的办法。而如果我们因为敌人命中了特殊军事目标就明确表示不再使用这些方法，我将更加感到遗憾。但这些都只是个人意见，所以，你们认为有必要的话，我非常希望内阁再次就这些问题进行讨论。①

1941 年 3 月 7 日

首相致伊斯梅将军：

对于这次（进攻卡斯特洛里佐）的军事行动，我真感到困惑。并且我认为三军参谋长有责任好好地去调查一下。海军怎么能让这么一大批援军登陆呢？像这样的情况，关键取决于海军能否孤立该岛。

为了接下来更为重要的作战行动，我们有必要澄清此事。并不是想要为难那些在很多方面为我们做出巨大贡献的人，而是为了不让这类糊涂事重新上演，为了我们能成功，这么做完全有必要。②

1941 年 3 月 9 日

首相致伊斯梅将军：

只有在有低云层或雾天，低飞袭击才能造成真正的危险，因为这个时候我们的战斗机发现不了敌机。为了保护工厂，要完全考虑到使用挂在小气球上的空雷。它只需要二十磅的升力，所以一只很小的气

---

① 这是对国内安全大臣、空军大臣和新闻大臣的备忘录的答复，该备忘录提出了一些措施，以防止关于空袭造成伤亡和破坏的有害的谣言广为流传。

② 卡斯特洛里佐岛位于罗得岛与塞浦路斯岛的中途，它是从多德卡尼斯群岛伸展到叙利亚的一条链形岛屿中的一个环节。2 月 25 日，一个英国突击队在遭遇轻微抵抗后占领了这个岛屿。海军由于没有注意事态的发展而撤退到塞浦路斯。后来，敌人进行了猛烈空袭，他们的援军在未遇到英国海军抵抗的情况下登陆。英军只好放弃了这个岛屿。

球就已经足够了。人们觉得这个方法可以用于防御河口，那时曾决定需要在高空布雷，这样就能起到双重防御作用，这样做的话，就必须生产比原来大得多的气球，而这种大型气球需要用到电力绞车等等。我们必须满足于利用能适应一千到一千五百英尺的高度、不用电力绞车就可以生产的比较小和比较简单的气球，以此来达到防御的目的。在有风的日子，绞车可用风筝代替。

这种保卫方法对于飞机场并不可取，原因是我们自己的飞机起飞或着陆时，气球就必须得全部被拉下来。因此，为了保护飞机场，用火箭把空雷带到空中去似乎就变得特别适宜。

1941 年 3 月 10 日

（即日办理）

首相致新闻大臣：

很显然存在两种情况，包括正在进行战斗的区域和没有进行战斗的区域。"各安原位"这个词在第二种情况下完全不适用。这种地区最多，可能占全国总数的百分之九十九。针对这些地区，应该命令它们"照常活动"。

对于战斗正在进行的地区来说，"各安原位"这个表达，也并不见得真正适合。首先，这个表达是美国的俚语，再者，它并没有表达实情。人民没有被"安"在任何地方。怎么就不用"紧守原地"或"坚守原地"呢？在这两者当中，我更喜欢后者。这是英国的表达，而且它能准确地表达第三段的意思。

关于毁灭、地图等等的那几段，很明显只适用于战斗区域。按照当前文件的上下文看来，全国范围内的地图、汽车和自行车可能都要被销毁了。

你可以像这样来开始："假如这个岛国受到严重侵犯，全国的人民将立即收到或者是'照常活动'或者是'坚守原地'的命令。在绝大部分的情况下，这个命令将会是下列文件中头三段所规定的'照常活动'。'坚守原地'的命令则只适用于那些实际上正在进行战斗的地区，其言外之意就是要保证不要让逃难的人堵塞道路，并且保证所有决定留在可能遭受袭击的地区的人，如东海岸和南海岸一带，都将要在他的住所或防空洞内'坚守原地'，一直到附近地区的敌人被歼灭或被赶走为止。"

1941 年 3 月 10 日

首相致粮食大臣：

3 月 8 日来函收悉。你派去美国的粮食代表团的对象和职责是什么？望告知。我此时正在积极考虑派遣阿瑟·索尔特爵士去美国推动商船建造的有关事宜。这项工作需要不断努力，持续关注，因为我们要在美国的船厂里即将进行一项庞大的造船计划。已经建成的船只截至目前还没有达到我们所需要的总数的一半。

但是我不觉得粮食问题和这个问题能相提并论。美国拥有富足的粮食，并且以我们现在所有的在粮食方面的资金分配额，我们应该可以理智地选择如何运用我们的吨位。为什么为这个问题还要派一个专门的代表团来解决呢？

我一直在尽量地努力减少被派到美国的代表团数量，但是我很高兴听你所给出的理由。

1941 年 3 月 10 日

首相致陆军大臣等：

我们应该明确地向美国政府说明我们的要求，而不应该因为对我们的重要要求和这些要求的先后次序，就让美国方面对我们所做的努力而产生任何疑虑，这非常重要。

最近有一次，我偶然处理了这方面的一些问题，当时我指出，所有我们准备向美国政府呈现的统计报告，应当统一到我这里来，经过商议后再由我们派驻华盛顿的大使传送。

现在，同一问题的另一方面已经引起了我的注意。霍普金斯先生已经报告说，美国驻伦敦大使馆中的武官习惯依据他们同伦敦海陆空军和军需部门的下级官员的接触得来的消息发出电文，而相比之下，这些消息与提交给华盛顿海军部和陆军部的情况有许多不同。他引用一个事例：正当美国海军部被督促把驱逐舰拨给我们的时候，却听说了伦敦一个军事部门里某个不知姓名的官员发表的、被美国驻伦敦大使馆的一位武官传达的言论，说在我们获得更多的远程轰炸机之前，没有多大希望用驱逐舰来对付潜艇。

如果你能采取必要的步骤，保证陆军部的官员们在同美国大使馆人员，特别是大使馆武官发生接触时，不要发表可能同某些人为了我们的利益在华盛顿极力主张的见解相悖的意见，我会非常高兴的。这些官员也许还没意识到他们偶然说出的看法是很容易被传到华盛顿去的。另外，同美国大使馆武官进行沟通的官员们应当大致知道我们偶尔向美国政府提出的要求的性质，这样一来他们就可以注意不说出与那些要求不相符的话来，这也是同样重要的。

1941 年 3 月 10 日

首相致林德曼教授：

我希望你今晚就能为我准备好分门别类的进口计划概况表，以便我能明白在哪些地方用铅笔再划掉五十万吨进口的粮食。

1941 年 3 月 11 日

首相致空军参谋长：

我看到一份关于德国人在法国北部增辟飞机场的报告。我们之前计划在本岛东南部修建的飞机场，大概现在已经一个接着一个地被启用了吧？希望能向我提交一份说明增进工作进展或完成情况的简要报告。

1941 年 3 月 12 日

（即日办理）

首相致空军参谋长：

轰炸机昨晚又一次取得成功。这次只损失了一架轰炸机，但却得到了它的猎物。在设计和制造投弹装备方面怎么会有如此拖延，真让人吃惊，这个问题我理解不了。有许多比这项任务难得多的问题都正在解决，而为了完成这个任务，我们好像已经花费三个多月的时间了。如果找不到机械方面的解决办法，难道就不能在飞机腹部打开一个洞，让一个人在洞里卧着，用手把炸弹从洞口一个一个地投下去吗？炸弹大约同斯蒂尔顿干酪①一般大小，投弹的间隔不会绝对地有规律，但这可能仅仅是偶发情况，不管怎样，我要亲自看看这种投弹装置。假如你能想办法召集有关人员，我能在今天（星期五）下午四点到诺索尔特飞机场来。如果你也能来，并在契克斯度过一个晚上，那就太好了。

还有一种新的危险情况。既然海军部气球防空网的人员已把空雷和它的电线、降落伞等想法泄露了出去，敌人也许在不久以后会派飞艇来，而当我们等到最后敌人准备好一切时，可能就太迟了。

当然现在敌人似乎正把注意力转向默尔西河和克莱德河，而且一定会逐步移向那些既定的地点，所以现在确实正是轰炸机大显身手的好时机。

1941 年 3 月 14 日

首相致空军大臣：

1. 你的（扩充皇家空军的）计划是以假设这四个月如果丧失（驾驶员）一千五百五十人为根据的，然而实际数字却是一千二百二十九人。因此，你省下了三百二十一名驾驶员，并且你原来估计的百分之二十六是安全可靠的数字。这很令人满意。

2. 我一直预测并反复对你说，在冬季几个月中战斗次数将明显地减少。情况确实总是这样。请让我知道你对今后四个月或六个月中（包括 3 月份在内）的预测是怎样的。你的"假设"（你喜欢用这个词，使用"预测"似乎更自然一些），不管怎样只具有学理上的重要

---

①　英国的干酪，以产于斯蒂尔顿得名。——译者注

性，因为我们正在加紧训练尽量多的驾驶员，而且我们的计划是根据训练机构的规模而不是根据指定的任务确定的。但是，我们还是可以估计一下可能会培训出多少驾驶员。

1941 年 3 月 14 日

首相致伊斯梅将军：

我批准第五十师与 W. S. 第八号运输船队共同前进，并同意为这个运输船队增添舰船，以便保证不至于为了运送第五十师（将全部出发）就挤掉原来准备运送的主要人员物资。请告知我这样追加运输任务可能会引起的问题。

1941 年 3 月 15 日

（即日办理）

首相致海军部军需署长：

请写一份关于运载坦克的船只建造进度报告给我。现在共有多少船只？它们的吨位如何？每次出海一艘船可运载多少坦克？每艘船只在什么时候才会造好？在何处建造它们？它们可以装载什么类型的坦克？

1941 年 3 月 15 日

首相致外交部：

作为一个拥护君主制度的人，我在原则上赞成君主立宪制，因为它是抵制独裁制度的壁垒，除此之外还有其他原因。英国如果想要尝试把它的君主立宪制强加在别国身上，那就真的错了，而且这样做只会引起偏见与反对。外交部的主要政策应当是以友善的目光看待别国人民朝着君主政体的自然演变。如果我们不能支持他们，当然也不应加以阻挠。

1941 年 3 月 15 日

首相致粮食大臣：

我希望不要采用"公共食堂"这个名称……我建议你们称它们为"英国餐厅"。

提到"餐厅"这个词，大家很容易把它跟一顿美餐联系到一起，所以如果他们得不到别的什么的话，至少可以听到一个好名字。

1941 年 3 月 21 日

（即日办理）

首相致海军大臣和第一海务大臣：

1. 我在海军部时曾反复要求更多地注意在海上添加燃料的工作。现在我们发现德国的战列巡洋舰能够一次性出海持续几星期，而不需要驶进任何基地或港口去添加燃料。在海上添加燃料，如果他们能办到，但是我们不能，那还真让人羞愧。我们的舰只曾经一次又一次地在搜捕敌舰很有希望的时候，不得不舍弃敌人，到六七百英里以外的地方去添加燃料。有人说，德国人知道他们的舰船所在，能够把他们的油船派过去，而我们，由于采取守势，没有主动权，对于情况的变化一点也不清楚，我不能相信这种说法。应想办法把几艘油船布置在离航线不远的适当位置上，如此一来，如果我们的舰船按照目前的情况活动，它们就可以随时召唤一艘油船，与它会合。由于忽略了在海上添加燃料的原则，英国海军的力量将受到严重的影响。海军部有责任解决这个问题。

2. 甚至更令人痛心的事实是，我们即使在非洲海岸之外比较平静的海面上也不能够给我们的驱逐舰添加燃料。

目前这个大运输船队从塞拉利昂北上，每天都有一两艘船只被一艘追踪的德国潜艇击沉，并且现在那艘护送战列舰本身也已经中了鱼雷，想到这种情景真是令人痛心。

让一艘战列舰跟着运输船队慢慢悠悠地行驶，而除了三艘反潜快艇外没有其他更强大的反潜艇舰只护送它们，没有比这更"自讨苦吃"的了。那些塞拉利昂运输船队一定要有驱逐舰随行。舰船在这些海面上被击沉，与在我们西北海口一带被击沉一样，都是我们的巨大损失，而且同样属于大西洋战役。我听说驱逐舰不能航行这么远。为什么不能在目前形势压力下像对反潜快艇那样对待它们，在海上添加燃料呢？我很高兴听到有空军增援。但是驱逐舰也需要。它们必须全程随行，并且护送舰要帮它们添加燃料。

3. 对于佛得角群岛被德国人用来当作潜艇加油基地的问题，现在必须重新研究，主要考虑采取什么样的行动。我很高兴能够听取你对以上各点的意见。

1941 年 3 月 21 日

首相致海军大臣和空军大臣：

敌人不仅用飞机，还用飞机指示潜艇攻击我们的船只；我们在西北海口的损失，大概也由于这个原因。我们应当不遗余力地摧毁"福克·沃尔夫"式轰炸机。如果我们能够运用雷达，来发现它们的位置，并指示远程战斗机或舰载飞机迎击，我们应当可以给它们造成严重伤亡。是否有办法在罗考尔放一个雷达站？那里的位置实在太好了，所以，不管怎样不方便、不好办，还是值得努力在夏季的几个月里在那里维持一个雷达站。洛克·厄恩以南的山丘也是一个有价值的点。如果我们可以想办法在托里岛或在克里海岸外某个岛建立雷达站，那就更好了。那样就可以把这些岛屿私下租给几位有钱的美国朋友。如果上述措施中有任何一项可以办到，那么，在军事方面能达到什么效果，还有哪些可能是已经经过研究或可以研究的，希望能够从技术的角度向我提出报告。

我们还应当研究怎样干扰德国飞机与潜艇间的通讯。我了解到它们的系统是这样的，即"福克·沃尔夫"式轰炸机发信号到布雷斯特，再从布雷斯特把指示发给潜艇，这样全过程需要大概一个半小时。干扰他们的通讯，或用连续的伪造电讯来对各有关方面进行干扰是否可行呢？我们对干扰"福克·沃尔夫"式轰炸机的无线电导航法（这种方法在天气恶劣时对于海上飞行是必不可少的）的常用设备大概不至于会忽视吧。

　　我估计我们可以测定敌人发出信号的所在之处。如果敌人在飞机上安装了雷达，那么，用适当的设备来探测其位置和它的起飞地点应当是可以的。

1941 年 3 月 21 日

（即日办理）

首相致海军大臣和第一海务大臣：

　　如果在比斯开湾的港口内的确有敌人的战列巡洋舰存在，海空军就应该尽一切努力歼灭它们，并且为了达到这个目的，必须毅然面对重大的危险和牺牲。但是，如果运气不好让它们逃跑了，另外它们继续进行劫掠的话，那么按照下列方法采取行动似乎就变得有必要了，而且现在就应加以考虑。

　　1. 为了恢复在大西洋上的主动权，应该尽早地成立三个搜索组，即"声威"号和"皇家方舟"号为一组，"胡德"号和"狂暴"号为一组，"反击"号和"阿尔戈斯"号为一组。每一组必须要备有一两艘油船，并且尽可能使每艘船都能够在海上添加燃料。油船不需要跟着搜索组一起，应该停留在可以与它们会合的地方。

　　2. 从冰岛到佛得角群岛的海上战线大致可以分成三段，经常每一段都有一个搜索组在工作。虽然它们的工作和运输船队是分开的，但是它们将会对经过邻近地带的运输船队给予额外的保护。这些部署应在 4 月底前完成，并要尽早地以分期方式开始行动。

　　3. 计划把一艘或更多的舰船改造为飞机运输舰，尽早替换"狂暴"号。同时空军部将设法运送飞机到塔科拉迪。

　　4. 考虑到我们执行护航任务的舰队已经广泛分散，毫无异议，我们不能反对用"纳尔逊"号来替换"胡德"号。

　　5. 必须为弗里敦的运输船队组建一支小舰队。这支舰队可以从那些剩下的二十五艘美国驱逐舰中抽调来组建，反正这些美国驱逐舰都要在这南部海域活动的。必须要设法安排护航的巡洋舰或战列舰给这

些驱逐舰添加燃料。

6. 目前的种种迹象表明德国人正在逐渐渗入佛得角群岛，并且这些岛屿很有可能被他们利用来为德国潜艇添加燃料，因此，很有必要尽早执行"敏捷"作战计划。一旦我们占有了这些岛屿，就一定要在那里建立起一个良好的燃料基地，并把敌人的潜艇供应船从这座岛屿上驱逐出去。我将愿意分别讨论这一问题的政治利弊。

应当抽调尽可能多的水上飞机到弗里敦地区使用（可多至六架），这些水上飞机也将从新占领的岛屿起飞。

7. 请让我知道你对以上各点的意见，和如何付诸实现的一切可能办法。

1941 年 3 月 22 日

首相致林德曼教授：

假如我们能让三千五百万吨的（进口）计划持续下去的话，你应该想办法在造成最少危害的前提下从军需部运送二百万吨到粮食部。如果没有实现三千五百万吨的计划，就得按照相应比例减少这种转移，但不论如何现有的粮食最低要求都应被满足。请草拟一份计划给我，以便我明晚同安德鲁·邓肯爵士进行讨论。

1941 年 3 月 22 日

（即日办理）

首相致伊斯梅将军：

陆军部和中东方面应被要求对他们所征用的用于肉类冷藏的全部船只，以及这些船只目前的地点和使用方法，作一个准确的说明。我被告知有些船只在中东用来作为军需的仓库。希望能提交一份详尽清单给我，在清单中要注意区分已经改装成为军队运输舰的，和那些容易恢复原来任务的船只。

1941 年 3 月 23 日

首相致伊斯梅将军，转参谋长委员会和海军部：

陆军部规定船上的士兵每人每日提供八加仑水，并且这个规定已经成为运载兵员数量大大减少的一个原因，这是否真实？是否对陆军部的标准进行过公正的调查呢？得知"伊丽莎白女王"号和"玛丽王后"号都只运载兵员三千五百人后，我不禁大为惊异。

1. 这个数字几乎不会超过他们从事豪华客运服务所载客的数量。如果我没记错的话，1915 年 5 月的"阿奎泰尼亚"号，或者是"毛里塔尼亚"号曾运送八千多兵员到了达达尼尔海峡。

2. 让人员从这些运输船上转移到开普敦的巨型班轮上去，这样能不能起到节省船舶的效果呢？既然现在红海将很快清除敌方的潜艇和飞机，那么，安排一次从开普敦启航的快运，似乎很有意思。无论如何，这个问题可以探讨一下。

1941 年 3 月 23 日

首相致伊斯梅将军：

这些大部分只是空谈。例如，当我们还没有利用这些较小的港口，当然也还没有感到这方面有什么困难的时候，说是没有命令要求为较小港口配备起重机，说这话又有什么用？我们的确应当有一些设备，来把货物卸到驳船和沿海船只上，并通过对公路或铁路交通的改善而使小港口不再负担运输任务。请把可以使用的港口列一张清单交给我，并提出一些建议，这样我就可以在以后草拟备忘录（关于采取有效的重要保证措施的备忘录）。我们在克莱德河和默尔西河冒了很大的风险。

如果能达到以上目的，你可以把任何你需要的帮助告诉我。

1941 年 3 月 23 日

首相致诺瓦那加邦主贾姆先生：

3 月 17 日，邦主院所通过决议的措辞让我的同僚和我很感动，尤其在决议的慷慨陈词中还提到了我，让我特别感动。联合王国的英王

陛下政府心怀感激，深切认同在北非印度军队对帝国的胜利所做的英勇贡献，而且他们深深相信这种贡献在规模和范围上与日俱增。我代表我的同僚请求殿下，向邦主院传达我们对印度各邦主和各民族所表现出的刚毅精神给予赞赏。

1941 年 3 月 24 日

首相致自治领事务大臣：

用这些可疑的事情（入侵的可能性）来使各个自治领感到烦扰，究竟用意何在？它们要求得到这方面的赞赏吗？问题的另一方面自然也应当加以解释说明，即：

1. 即使敌人在初期能够登陆成功，我们的海军也会在一星期内截断他们和这些地点的沟通。

2. 我们完全有理由相信我们可以保持在英国白天空中的优势，并且我们的轰炸机队不仅能在夜间，而且也能如"纳姆索斯"一役那样，在白天对各个登陆地点的敌人，进行集中轰炸，然后使其被迫撤退。

3. 在 4 月 1 日，我们除了海滩上的兵力外，还将有一支预备军队，其兵力相当于三十个师一千辆坦克的实力，可以投到各个不同的入侵点。

4. 我们有一百六十万人的国民自卫军，其中有一百万人是有步枪或机关枪的。

然而坦白地说，我不理解夸夸其谈地把这些情况都说出来有什么用处——因为其中有些情况透露出去是有害的。除非只有恐吓各自治领才能让他们恪守其职。

1941 年 3 月 25 日

首相致外交部：

对待斯托亚丁诺维奇先生应该用正式礼节，但前提是在加以监视的情况下。应当告诉总监，他是一个坏人，而且目前在关键时刻，他无疑是一个潜在的塞尔维亚"吉斯林"。让他和总督或总督的家庭之间，或他与毛里求斯人民之间发生官方以外的联系，是不可取的。在饮食起居方面，应给予他上校规格的待遇。

1941 年 3 月 28 日

首相致伊斯梅将军，转参谋长委员会和本土部队总司令：

1. 在这个抗击入侵的演习"胜利者"中，我们假设在诺福克海岸敌人有两个装甲师、一个摩托化师和两个步兵师不顾激烈的抵抗仍然登陆。他们杀出一条血路登上了岸，并假设他们在四十八小时后将全部投入战斗。

2. 我推测有关参谋人员已预料到这个令人难以想象的惊人细节。请将他们交给我检阅。譬如说，要用多少船只和运输舰去装运这五个师？这五个师又有多少装甲车辆？有多少辆运货汽车、多少门炮、多少弹药、多少士兵、多少吨军需品？他们在最初四十八小时内能向前推进多远距离？假设在最初的十二小时中有士兵和车辆登陆，损失数字将会占百分之几？在最初四十八小时的战斗中，运输舰和军需船将会完成什么？它们是否已经把货物卸完了，还是仍然在海滩外近岸的地方停留？它们有哪些海军的护卫？敌人的登陆是不是由他们的富有优势的战斗机队加以掩护？如果是的话，为了掩护各个登陆点，敌人要使用多少架战斗机？

所有这些数据对我们未来的进攻行动将极有价值。如果这些参谋人员再拟出一个我们在法国海岸登陆的方案我会非常高兴的：要假定登陆的部队是一支完全相似的部队，登陆地点也要在我们的战斗机可以保护的范围内，并假设德国人在英吉利海峡拥有绝对的海军优势。如果能在四十八小时内完成这样的计划，这将会成为历史上的创举，所以，如果这些参谋人员决定献身于这项冒险行动，并能详细地解释如何才能实现它，我肯定非常乐意向国防委员会提出这项行动，以便尽早采取实际行动。

1941 年 3 月 30 日